U0936228

2022年度省重点出版项目

走进大渡河系列丛书之三

美丽大渡河

MEILI DADUHE

丹　巴　夏梦泱晴◎编著

四川民族出版社

图书在版编目（CIP）数据

美丽大渡河 / 丹巴, 夏梦泱晴编著. — 成都：四川民族出版社, 2023.4
（走进大渡河系列丛书）
ISBN 978-7-5733-1161-0

Ⅰ. ①美… Ⅱ. ①丹… ②夏… Ⅲ. ①大渡河—概况 Ⅳ. ①K928.42

中国国家版本馆CIP数据核字(2023)第031640号

2022年度省重点出版项目

走进大渡河系列丛书 ③

美丽大渡河

MEILI DADUHE

丹 巴　夏梦泱晴　编著

出 版 人	泽仁扎西
项目执行	俄 热
责任编辑	曹 嘉
责任印制	泽仁康珠
出版发行	四川民族出版社
	（成都市青羊区敬业路108号）
成品尺寸	170mm × 240mm
印 张	12.25
字 数	200千
制 作	成都华桐美术设计有限公司
印 刷	成都兴怡包装装潢有限公司
版 次	2023年4月第一版
印 次	2023年4月第一次印刷
书 号	ISBN 978-7-5733-1161-0
定 价	40.00元

写在前面的话

20世纪80年代末90年代初，我们姐弟出生在大渡河流域的一个小山村，少年时代在丹巴、康定、炉霍生活，每年春节都回乡下老家过年，与同龄伙伴畅游，与同乡老人共舞，享受“古碉、藏寨、美人”的恬静，领略“高山、大河、田园”的秀丽。

2019年11月，弟弟在《四川发展》上发表《大渡河流域旅游环线建设初步思考》后，专修过旅游管理的姐姐，灵感闪现，建议收集描绘大渡河奔腾的浩海文献并分类汇编。2020年，弟弟考入四川大学历史文化学院（旅游学院）攻读旅游管理博士研究生，专业的思考与个人情怀开始激烈碰撞，编写《走近大渡河》系列小丛书的思路，在你一言、我一语中渐渐清晰。弟弟说方向、搭框架，姐姐收资料、搞审核，一拍即合、一唱一和、一气呵成。

《走近大渡河》系列小丛书包括《图说大渡河》《红色大渡河》《文化大渡河》《美丽大渡河》《资源大渡河》。2021年，正值伟大、光荣、正确的中国共产党成立100周年，由于正在举办党史学习教育活动，我们乘势而上，率先编成《红色大渡河》，内容包括“惊天动地的红军长征”“战天斗地的川藏公路”“震天撼地的成昆铁路”“翻天覆地的脱贫攻坚”。

本套小丛书尽情展示了大渡河流域红色的故事、英雄的人民、悠久的历史、独特的人文、巍峨的雪山、青青的草地、奔腾的河流、蜿蜒的峡谷、矗立的古碉、多彩的民居、绝美的藏寨、俊秀的城镇、雄伟的桥梁、静静的水库……能让每一位读者在阅读后，对大渡河深情向往，不能忘怀。

在编写这套小丛书的过程中，得到了老师和长辈们的精心指导，老乡和同事们的倾情奉献，同学和朋友们的大力协助，我们也由此接受了一次鲜活的心灵洗礼!

大渡河，奔腾吧!

大渡河，自豪吧!

丹巴

夏梦泱晴

2021年10月

大渡河流域概况

大渡河，古称北江、涐水、沫水、大渡水、鱼通河、金川、铜河……位于四川省中西部，历史上被作为长江支流岷江的最大支流。但从河源学上应为岷江正源。

大渡河发源于巴颜喀拉山的果洛山（年保玉则），起于青海省果洛藏族自治州久治县，经班玛县，在壤塘县茸木达乡进入四川阿坝州境内，流经阿坝县、马尔康市、金川县，在丹巴县进入甘孜州，又经阿坝州小金县后，过康定市、泸定县，在石棉县进入雅安市，经汉源县，进入凉山州甘洛县，在金口河区进入乐山市，经峨边县、峨眉山市、沙湾区、沐川县，于市中区注入岷江，流域面积7.72万平方千米（不含青衣江），河长1074千米。多年平均流量1988米^3/秒，多年平均水资源量459.17亿立方米，多年平均径流深603.7毫米。四川省内面积6.79万平方千米，省境内河长871千米。

大渡河支流较多，四川省境内流域面积在1000平方千米以上的支流有22条，在10000平方千米以上的支流有2条。传统上认为，大渡河在大金川以上有三源：梭磨河、绰斯甲河（上源为青海的杜柯河、多柯河）、足木足河（上源青海的麻尔柯河，亦称玛柯河），足木足河为正源。

大渡河在泸定以上为上游，泸定至乐山市铜街子为中游，铜街子以下为下游。

久治县

大渡河正源足木足河，发源于青海省果洛州久治县哇尔依乡查七沟顶山岗以北6千米无名山（属巴颜喀拉山脉东段）南坡，源头地理坐标为东经100° 23′ 、北纬33° 39′ ，源头高程4708米。大渡河青海省境内干流称为麻尔柯河（玛柯河），东南流经久治县东塔，于白玉左纳俄柯后，东南至班玛县多贡玛。

班玛县

麻尔柯河（玛柯河）与流经达日县的满掌河相会后，转东南经班玛县城东，又南过亚尔堂、灯塔、下科培转东，右纳恩则柯（又称则柯），左纳哑巴沟、折尔朗沟，又向东为四川与青海的界河，转南进入四川省境为壤塘县与阿坝县的界河。

麻尔柯河（玛柯河）在青海省的里程约210千米，流域面积6341平方千米，落差780米，多年平均流量60.3米^3/秒。

主要支流县

达日县

满掌河。源出达日县北塔什温附近，流经达日县，在班玛县多贡玛乡与麻尔柯河汇合。全长约47千米，流域面积312平方千米。

壤塘县

在四川省境内，麻尔柯河（麻尔曲）右纳壤塘县的则曲河，继又东流右纳莫柯，入阿坝县境。

杜柯河（多柯河）。为绰斯甲河干流的上游河段，源于青海省达日县，经色达县东北、壤塘县城，与色曲汇合后称绰斯甲河，后于金川汇入足木足河，河段长119千米。

则曲河。源出壤塘县，河长101千米，流域面积1622平方千米，多年平均流量19.1米^3/秒。

阿坝县

麻尔柯河过亚尔勒果至伊俄，右纳格浪河，左纳莫朗河、果朗沟；再东过柯河乡，左纳阿嘎木朵河，右纳亚朗河；至达格娘，左纳尼柯河；过错昆后转南至夺沟，右纳目杰柯；又南至色尔吉，左纳阿柯河，以下即称足木足河。南行又转东南，为阿坝县与马尔康市的界河，左纳夺壤拉杂沟。

尼柯河。河长71千米，流域面积1194平方千米，多年平均流量13.9米^3/秒。

阿柯河。发源于青海省久治县多木措湖，东流转向西南流，经阿坝县城，在茸安乡职尕注入麻尔柯河。全长160千米，流域面积5788.52平方千米，多年平均流量60.6米^3/秒。

马尔康市

足木足河至射江转南入马尔康市境，至日部乡，右纳木郎沟；转东南过康山（达维），右纳木尔甲河、协果沟，左纳热水塘沟、科拉基沟，再右纳马尔达布沟、阿拉林沟；又过三大坪转东南行，左纳茶堡河；南过脚木足乡，此处有足木足水文站；过站南流，左纳梭磨河，右纳玛绰沟；转西南过白湾乡，于双江口右纳绰斯甲河，以下称大金川，为马尔康市与金川县之界河。

茶堡河。河长83千米，流域面积1234平方千米，多年平均流量14.4米^3/秒。

梭磨河。足木足河左岸一级支流，发源于红原县壤口乡境内的羊拱山西北麓，壤口以上称壤口尔曲，壤口以下称梭磨河。流经刷经寺、梭磨、马尔康、松岗、白湾乡、脚木足乡，于热足下游两千米处汇入足木足河。河流全长182千米，流域面积3027平方千米，多年平均流量50.3米^3/秒。

金川县

大金川右纳可尔因沟，转东南流，左纳米洞沟；南至党坝乡，右纳卡拉脚沟，左纳盘龙河；又南入金川县境，右纳撒瓦脚沟，其下咯尔乡处有大金水文站，控制流域面积40484平方千米，多年平均流量520米^3/秒，水位变幅6.4米。再南下至金川县城东，左纳西里寨沟；又西南行，右纳独松沟，曲折南行，右纳协斯曼沟；至安宁镇，右纳色斯满沟，左纳安宁沟、炭厂沟、曾达沟；转西南为金川、丹巴二县界河。

绰斯甲河。源于青海省达日县下红科乡旺阿村，上游称杜柯河（多柯河）。河流自色达县东北进入四川省境，向东南流经壤塘，在黑桥接纳自色达县流出的色曲后始称绰斯甲河；渐转东流，入金川县境，经二嘎里乡，于金川可尔因汇入足木足河。全长447千米，流域面积16015平方千米，是大渡河上游最大支流。主要支流有来自色达县的色曲和来自道孚县的俄日河。

俄日河（玉曲）。源于道孚县东折多山北端海子山，北流左纳曲龙沟，北过七美、玉科，沿程多有温泉出露；右纳七格柯，左纳穷柯（其右支为查隆柯）；北过银恩乡，左纳嘎柯；以下转向东流，入金川县境。东至二楷，右纳莫孜沟、大莫孜沟；转东北行，左纳麦斯科沟、郎通沟；至俄热，右纳二安沟；又至科山，转北左纳颇拉喀沟，自东北方向进入二嘎里乡，汇入绰斯甲河。河长128千米，流域面积1910平方千米，多年平均流量31米^3/秒。

主要支流县

色达县

色曲。源头在境内海拔4860米的恰依岗娘。色吾沟、拖汝沟与拥拉沟在竹日康夺汇合后始称色曲。色曲由西北向东流经色达县城、色塘、色尔坝，在壤塘县境注入杜柯河。境内全长184千米，流域面积3234平方千米，落差1000米。

炉霍县

宗科河（宗柯）。源出炉霍县宗麦乡，流入阿坝州壤塘县，经宗科乡，汇入绰斯甲河。全长64千米，流域面积985平方千米。

道孚县

俄日河。俄日河在道孚境内被称作玉曲，主要流经道孚县七美乡、玉科镇、银恩乡等乡镇。

沙冲沟。发源于道孚县沙冲乡策曼都，于龙金洪出道孚进入丹巴县境内，经东谷乡汇入东谷河。沙冲沟全长45千米，流域面积800平方千米，多年平均流量16.8米^3/秒。

丹巴县

大金川左纳沈足沟，过耿扎，入丹巴县境，右纳甲斯沟；南过巴底镇，左纳麦尔沟，右纳二甲沟、水卡子沟，又左纳燕尔岩沟；南过巴旺乡，右纳革什扎河；在丹巴县城北又右纳东谷河，城东又左纳小金川，始称大渡河。此处有丹巴水文站，控制流域面积52738平方千米，多年平均流量743米^3/秒，水位变幅10.6米。南过格京镇，右纳绒坝沟；到鸭包，左纳汗牛河，为丹巴县与小金县界河。

革什扎河。主源发源于金川县毛日乡热它村西龙措海子，自北向南经藏木道纳入沙玛耳沟后称格希沟，继续向南流至丹东镇与右岸雀儿沟汇合后称边耳沟，后流经热洛、温平等地，右纳党岭河后始称革什扎河；革什扎河折向东南，过边耳、火地，左纳磨子沟，后经二瓦槽、大桑、布科等地，于巴旺乡汇入大金川。干流全长99千米，流域面积2520平方千米。

东谷河。发源于道孚县境内大雪山以及康定市与丹巴县交界的雅拉雪山，河流分为两源，南源称牦牛河，西源为沙冲沟，至陡水岩处两河汇合后即称为东谷河。河流自西南往东北方向经东谷镇、章谷镇后于丹巴县城西端注入大金川。东谷河全长87千米，流域面积1837平方千米，多年平均流量38.8米^3/秒。

小金县

大渡河纳汗牛河后向南，过琪日、开绕，左纳门子沟，进入康定市。

小金川。发源于梦笔山南麓的抚边河与源于四姑娘山的沃日河在小金县老营镇汇合后称小金川，向西流经宅垄镇，进入丹巴县，向西流经半扇门、墨尔多山，在丹巴县城与大金川汇合。干流长151千米，自然落差2340米，流域面积5254.8平方千米，多年平均流量104米^3/秒，平均年径流量29亿立方米。

汗牛河。位于小金县西南部，全长39.87千米，流域面积623.6平方千米，天然落差2660米。

康定市

大渡河左纳门子沟进入康定市境内，右纳溪河沟；南至孔玉，右纳二里沟、巴郎河，左纳野牛沟；南至下索子，右纳下索子沟，左纳金汤河；南过鱼通镇，左纳磨子沟，又左纳前溪河；南至姑咱镇前，右纳羊厂沟；南过姑咱镇，右纳康定河；南过抗州村后进入泸定境内。

康定河。又名瓦斯沟，上游源自雅拉雪山下雅拉河，向东南流经中谷、王母、三道桥、二道桥等，至康定城区右纳折多河后为下游，始称康定河；转东流经升航、日地、瓦斯，至瓦斯沟口汇入大渡河。全长78千米，流域面积1554平方千米，多年平均流量49米^3/秒。

金汤河。全长80千米，天然落差3372米，流域面积1129平方千米，多年平均流量37.5米^3/秒。

泸定县

大渡河左纳马蜂沟，南过烹坝，有泸定水文站，控制流域面积58943平方千米，多年平均流量895米^3/秒，水位变幅6.7米。过站至泸定县城西，大渡河上游段即止于此。南进泸定县城，过泸定桥；再南经冷碛镇，左纳花园沟；右纳磨西河；又南过得妥镇，左纳两岔河、王家沟、湾车河，为泸定县与石棉县界河。

磨西河（燕子沟）。其主流有两条，一条发源于黑海子，纳大杆沟、小河子沟、喇嘛沟，流经雅家埂，称为雅家河；另一条为冰川型河源，发源于贡嘎山北坡冰川雪山口，为燕子沟、纳南门关沟、磨子沟、海螺沟。两支流于磨西镇吊嘴汇合，称磨西河，流经大乌科，从金光、繁荣两地之间穿过汇入大渡河。磨西河全长43千米，流域面积923平方千米，落差3000米。

湾东河。源出贡嘎山东麓，又称大沟，纳板棚沟、飞水沟后注入大渡河。为泸定、石棉两县分界河。

石棉县

大渡河，右纳田湾河，入石棉县境王岗坪，经王岗坪，左纳海流河、撒喇池沟；经新民乡，右纳出路沟，左纳礼约河；经安顺场，右纳松林河（安顺河）、小水河，折东偏北右纳南桠河；过石棉县城，左纳响水沟，右纳高冲沟；过迎政乡左纳八牌河；过永和乡右纳要要沟，向东北为石棉、汉源二县界河；过丰乐乡左纳大冲河。

田湾河。发源于贡嘎山西侧，流经康定市和石棉县，全流域面积1397平方千米，河长90千米，多年平均流量42.3米^3/秒，落差2120米。

松林河。又名安顺河，源出九龙县东部，在石棉县蟹螺沟接纳洪坝河，至安顺场注入大渡河。长73千米，流域面积1446平方千米，多年平均流量55.6米^3/秒，落差2360米。

南桠河。发源于九龙县，流经冕宁县，再到雅安市的石棉县后，注入大渡河。全长78千米，流域面积1187平方千米，多年平均流量79.7米^3/秒，落差1714米。

汉源县

大渡河至小堡右纳宰骡河，左纳大冲河，东入汉源县境；过富林镇，左纳流沙河，转东偏南左纳白岩河，右纳西街河；过顺河乡后为汉源县与甘洛县界河；又左纳鲁布沟，往东左纳深溪沟、老厂沟。

流沙河。发源于飞越岭西麓，源头有两支：北支林口沟，源出桌子山；南支黑石沟，源出扇子山，两支在宜东镇林口汇合后始称流沙河。主要支流有黄家沟、旭家沟、二郎河、后河、木槿河等。流经宜东、九襄、富林等8个乡（镇），于富林镇汇入大渡河。全长72千米，流域面积1153平方千米，河口多年平均流量为22.9米^3/秒，落差2547米。

甘洛县

大渡河过顺河乡后为汉源县与甘洛县界河，南至尼日，右纳尼日河，转东行有成昆铁路与之平行延伸。过乌斯河镇，转北偏东，过毛不耳后为甘洛县与金口河区界河。

尼日河。发源于喜德县境相岭山北麓的木支村上方附近，上游喜德境内称尼波河，在越西县裤裆沟出口与越西河汇口以上称普雄河，汇口以下称漫滩河；于玉田镇则拉村流入甘洛县。在甘洛境内，甘洛县城以上俗称尔觉河，甘洛县城以下称尼日河，在尼日村处汇入大渡河。河长125.6千米，流域面积4331.6平方千米，多年平均流量117米^3/秒。

支流县

越西县

越西河。河长45千米，流域面积815平方千米，经马拖、大瑞、中所、越城、新民5个镇，汇入尼日河。

金口河区

大渡河过关村坝后转东偏南，过大沙坝入金口河区，右纳小河；曲折向东北至金河镇，左纳金口河；转向东南，为金口河区与峨边县界河。

峨边县

大渡河右纳官料河后，东入峨边县境内，右纳白沙河；又东过峨边县城北，折东北流过新场乡，左纳龙池河；东过江峨村，为峨边县与峨眉山市界河；东过江岩坝，为峨边县与沙湾区界河。

官料河。又名西溪河，俗称官庙河。官料河发源于峨边县与美姑县接壤的阿米都洛山顶峰东北面，自南向北贯穿峨边县境，至宜坪斑鸠嘴汇入大渡河。

白沙河。河源分大竹坝河和白杨河两条，其中主源大竹坝河发源于峨边县与马边县交界处之药子山一带，由南向北流经木兰坪、大竹坝后转向西北，后纳右岸文坝沟，经二坪、猫猫山及九龙后转向至新林镇；在新林镇有中岗沟、观音沟等支沟汇入，沿途小支沟也较多。大竹坝河过新林镇后在庙子岗与支流白杨河汇合始称白沙河，于峨边县城注入大渡河。

峨眉山市、沙湾区、沐川县

大渡河东过江峨村，为峨边县与峨眉山市界河。过毛坪镇右纳杨河，过江岩坝，为峨边县与沙湾区界河；左纳范店沟，转东南过五渡镇、田村、大沙坝，又为沙湾区与沐川县界河。再东入沙湾区境，北折至福禄镇后转西，过葫芦镇，左纳轸溪沟；再北行经沙湾镇，转向东北，出山区而进入丘陵区，河道显著增宽，过喜农镇进入市中区。

市中区

大渡河自东北方向进入水口镇，左纳临江河、峨眉河，又左纳青衣江，东行至肖公嘴与岷江相汇。

临江河。发源于峨眉山前山的大坪、偏桥沟、土地关，有两条主流，一是大沟，二是张沟。主要支流有发源于二峨山的柳溪河、沙溪河。

峨眉河。古称“铁桥河”，又名符汶河，主要发源于峨眉山前缘的弓背山、神挂山、尖峰顶一带，在黄湾镇桅杆坪（麻子坝）合流。另一源头来自石笋峰、九老洞的黑白二水，经清音阁合流，至黄湾镇的两河口汇入峨眉河。途中主要支流河有川主河（袁沟河）、双福河、虹溪河、黑桥河；在流经峨眉山市的黄湾镇、绥山镇、胜利街道、符溪镇后，流入乐山市中区汇入大渡河。

关于"建设红色大渡河文化旅游走廊"的建议

红色大渡河，传颂着红军长征以及修筑成昆铁路、川藏公路、川藏铁路、川藏高速、引大济岷的英雄故事；美丽大渡河，串连起雄伟的峨眉山、贡嘎山、跑马山、夹金山、四姑娘山；文化大渡河，孕育了郭沫若、阿来等文坛巨匠和天宝、杨东生等革命先辈。在这条文化走廊上，屹立着千年古碉，绵延着茶马古道。

大渡河流域是早期人类文明的重要发祥地，因其特殊的地理位置、独特的自然条件、丰富的历史遗存和鲜明的地域文化，长久以来受世人关注，是旅游开发的重点区域。大渡河流域资源储备充足、历史积淀深厚、区域文化独特、红色根基稳固，具备极大的文化旅游系统开发潜力。

1 大渡河流域的基本情况

1.1 自然地理概况

大渡河古称沫水，发源于青海省果洛山南麓，由大金川、小金川在丹巴县章谷镇汇合后始称大渡河，在四川流经阿坝州、甘孜州、雅安市，穿凉山州边境流入乐山市注入岷江末端。干流全长1062千米，四川省境内长876千米，流域面积7.72万平方千米，其中四川省境内6.79万平方千米，占全流域面积的87.95%。干流分上、中、下三段，泸定县以上为上游，在四川省境内流经阿坝州的壤塘县、阿坝县、马尔康市、金川县、小金县及甘孜州的丹巴县、康定市、泸定县，流域还包括红原县、色达县、炉霍县、道孚县部分地区；中游流经雅安市石棉县、汉源县及凉山州甘洛县、乐山市金口河区，流域还包括九龙县、越西县、喜德县、冕宁县部分地区；下游为乐山市峨边县、峨眉山市、沙湾区、沐川县、市中区，流域还包括犍

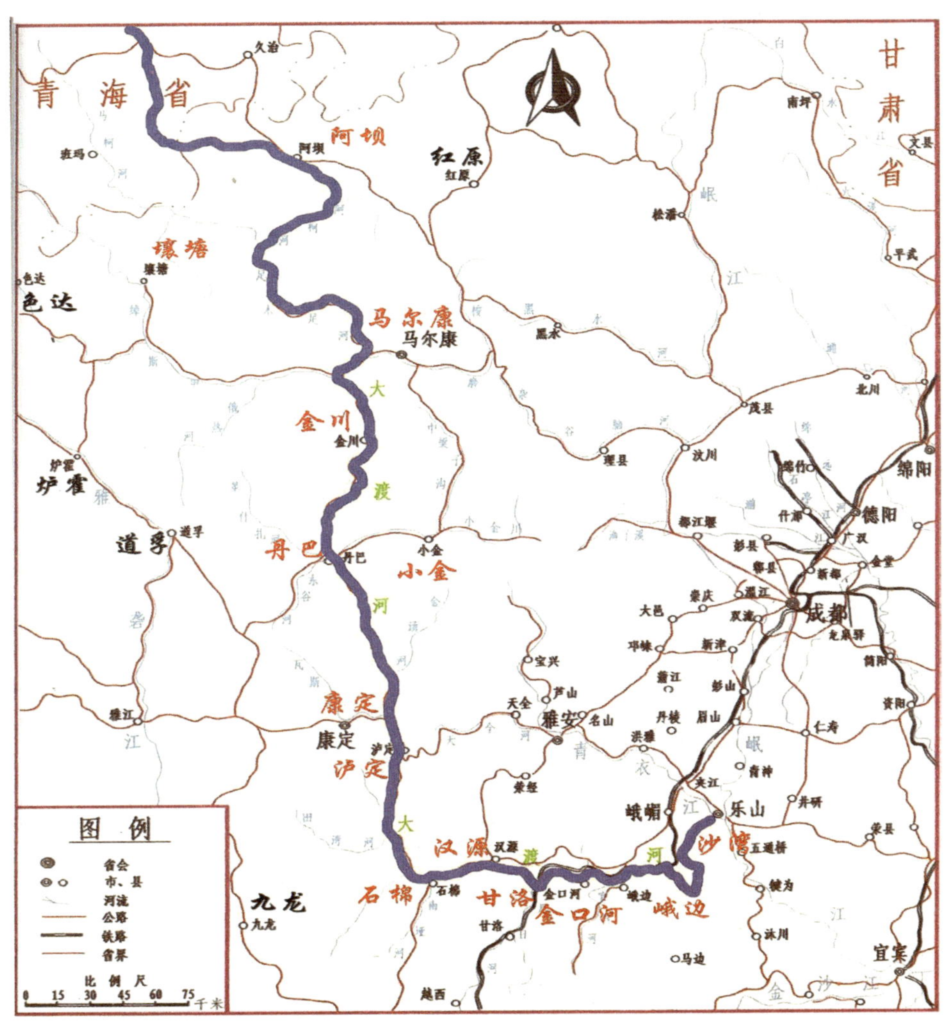

图1　大渡河流域示意图

为县部分地区。漫长的河道，复杂的地形，雄壮的峡谷，悬殊的气候，储藏着丰富而优质的自然景观。

1.2 社会经济概况

大渡河流经阿坝、甘孜、凉山“三州”和雅安、乐山“两市”，沿河及支流形成的河谷地区，从源头而下，依次成为藏族、羌族、彝族、回族等民族和汉族共同繁衍生息的聚居地和迁徙区域，也是汉藏、汉彝、藏羌、藏彝文化衔接融合的重要地带，具有浓郁的民族风情。由于历史上长期封闭，流域的特色文化、人文遗址保存较好，旅游文化资源多样性、独特性特点突出。2020年统计资料显示，大渡河流域四川省境内人口290多万，上游人口稀少，不足60万人；中下游人口稠密，有230多万人。上游各县以农牧业为主，中下游各县工业较为发达，全流域第三产业比重都较高，整体而言，相对流域经济落后。绝大部分县是重点生态功能区，发展文化旅游既是现实所需，更是政策所指。

表1　大渡河流域县（市、区）2020年主要经济指标

县（市、区）	辖区面积（平方千米）	户籍人口（万人）	地区生产总值（亿元）	第一产业增加值(亿元)	第二产业增加值(亿元)	第三产业增加值(亿元)
壤塘县	6640	4.7	13.41	3.81	0.75	8.85
阿坝县	10125	8.1	18.90	6.29	1.12	11.49
马尔康市	6626	5.3	41.42	3.81	2.30	35.31
金川县	5354	6.8	20.67	4.34	1.44	14.89
小金县	5565	7.7	24.37	4.42	4.46	15.49
丹巴县	4656	5.7	21.91	4.20	6.19	11.52
康定市	11486	10.6	109.96	6.67	46.07	57.22
泸定县	2165	8.6	29.27	4.82	8.4	16.04
石棉县	2679	11.4	102.38	16.40	33.41	52.57
汉源县	2215	28.6	110.58	26.82	29.58	54.18
甘洛县	2153	23.5	45.18	9.00	15.33	20.85
金口河区	598	4.8	34.26	4.99	17.44	11.83
峨边县	2382	14.8	57.56	9.03	26.83	21.70
峨眉山市	1181	42.5	35.09	3.42	11.81	19.96
沙湾区	606	17.11	184.84	19.76	115.84	49.24
沐川县	1405	24.8	78.39	20.90	26.88	30.61
市中区	837	64.9	430.92	38.29	126.95	265.68

2 大渡河流域文化旅游走廊建设必要性

2.1 国内外流域文化旅游开发的经验

流域因其地理特征明显，自然资源丰富，人类活动便利，文化底蕴厚重，一般都是现代文化旅游开发的重点区域。这方面，国内外都有比较成熟的开发模式和成功的开发经验，值得借鉴。

2.1.1 国外流域文化旅游开发

亚马孙河位于南美洲，是世界第二长河，凭借其丰富的自然资源优势，孕育了世界上最大的热带雨林。亚马孙河流域的开发主要围绕生态旅游、民俗风情旅游及探险旅游，以生态环境保护为第一原则，通过科学划定自然保护区，重视沿岸的原始森林保护工作，以热带雨林整体优势发展旅游业，维持原始热带雨林的自然景观、动植物旅游资源。利用沿岸的风土人情，使游客参与到当地人民的日常生活中，促进手工艺品的销售。凭借亚马孙河流域所特有的原生态自然景观、雨林气候，开展探险旅游，吸引游客。亚马孙河流域旅游开发不仅增加了森林维护的资金来源，也为当地人带来了手工业发展的机遇，还极大地传播了热带雨林文化。

莱茵河作为欧洲远近闻名的大河，是目前世界内河航运最为发达的国际河流。莱茵河流域是德国最重要的旅游资源之一，旅游业在德国莱茵流域经济中成为仅次于制造业的第二大产业。莱茵河流域的旅游开发重点关注水上活动项目，同时注重自然景观和人文景观、历史与文化相结合。其河畔的建筑、广场、雕塑都具有浓郁的艺术气息，对各地游客有强大的吸引力。通过对莱茵河流域的旅游开发，德国的风土人情转变为区域品牌，德国文化传播到全世界。

2.1.2 国内流域文化旅游开发

长江是中国的第一大河，景观类型众多，旅游资源丰富，开发的时间较早，程度较深。在长江三角洲地区，旅游发展主要以吴越文化为底蕴，充分挖掘上海的都市文化和历史文化，发展以城市观光、名胜古迹、主题公园为一体的自然兼人文特色的旅游产品。在三峡，旅游发展主要以长江自然文化、三峡水利、佛教文化、游船休闲为旅游品牌，将中国历史文化底蕴以旅游发展的方式广泛传播，不仅保护了文化多样性，也提升了人们的精神境界和文化修养。

珠江流域旅游发展的重点是特色文化，主要以区域合作的形式，着力打造“珠江文化旅游线”，通过整合多地文化确立珠江文化体系。以各个地区的特色景点为主要发展对象，依托区间的交通线路组合为特色旅游线路，加强相邻省区的合作关系，例如贵州与云南合作，打造珠江上游少数民族风情游等。以相邻省区之间的合作为起点，逐步深入，打造完整珠江旅游线路。

2.2 流域文化旅游走廊建设的必要性

大渡河流域自然资源、历史遗存和人文资源独特多元，具有充分的文化旅游开发要件，归纳起来主要具有“四条河”的鲜明属性，是建设红色大渡河文化旅游走廊的坚实基础。

2.2.1 资源之河

大渡河谷底较为温暖，农作物可以一年两熟或三熟，可种植小麦、青稞、水稻等，苹果、雪梨、樱桃及桃、柑、李等水果品种繁多。汉源花椒、金川雪梨、泸定樱桃、石棉黄果柑、小金苹果小有名气。上游地区牧草丰茂，畜牧业在当地占相当比重。流域森林面积占全省森林面积的15.3%，是长江上游重要的生态涵养地，历史上在色达、金川、丹巴、小金等地均设有省属森林工业局。流域内有虫草、麝香、贝母、鹿茸等名贵药材，大熊猫、金丝猴、扭角羚等珍稀动物名扬天下。金、银、铅、锌、煤等矿产种类丰富，石棉县因资源而得名，丹巴云母矿曾是中管企业。大渡河是国家十大水电基地之一，全流域水电资源理论蕴藏量在四川境内就有3000多万千瓦，占四川各江河水电资源总量的20.6%。特别是干流双江口至铜街子这593千米长的河段，天然落差达1827米，水能蕴藏量1748万千瓦，占据流域的50%以上。铜街子、深溪沟、瀑布沟、龙头石、大岗山、泸定、黄金坪、长河坝、猴子岩等大型水电站已建成发电，库区还形成了开阔的湖面。大渡河流域孕育了雪山、峡谷、森林、冰川等自然奇观，贡嘎山、二郎山、四姑娘山、墨尔多山享誉中外。丰富的山地景观、河流景观、峡谷景观、冰川景观、水利景观、草原景观等类型多样、各具特色。这为建设红色大渡河文化旅游走廊提供了有力的自然资源依托。

表2 大渡河流域自然保护地名录

名称	类型	属地
贡嘎山国家级自然保护区	自然保护区	康定市、泸定县、九龙县、石棉县
四姑娘山国家级自然保护区	自然保护区	小金县
南莫且国家级自然保护区	自然保护区	壤塘县
马鞍山省级自然保护区	自然保护区	甘洛县
金汤孔玉省级自然保护区	自然保护区	康定市
莫斯卡省级自然保护区	自然保护区	丹巴县
黑竹沟省级自然保护区	自然保护区	峨边县
墨尔多山省级自然保护区	自然保护区	丹巴县
栗子坪省级自然保护区	自然保护区	石棉县
党岭自然保护区	自然保护区	丹巴县
竹厂沟自然保护区	自然保护区	金川县
湾坝自然保护区	自然保护区	九龙县
岷江柏自然保护区	自然保护区	马尔康市
黑竹沟国家森林公园	森林公园	峨边县
海螺沟国家森林公园	森林公园	泸定县
二郎山国家森林公园	森林公园	泸定县
夹金山国家森林公园	森林公园	小金县
四川大瓦山国家湿地公园	湿地公园	金口河区
汉源湖省级湿地公园	湿地公园	汉源县
四川大渡河峡谷国家地质公园	国家地质公园	金口河区
海螺沟国家地质公园	国家地质公园	泸定县
四姑娘山国家地质公园	国家地质公园	小金县

2.2.2 历史之河

大渡河及其众多支流形成的若干天然河谷通道，是经久不息的“民族走廊”。茶马古道、嘉绒古碉等各类遗迹众多，还有西夏国灭亡后皇族迁徙大渡河的传说。这为建设红色大渡河文化旅游走廊提供了丰富的历史资源。

表3　大渡河流域历史遗址名录

名称	备注	属地
乐山大佛	全国重点文物保护单位	市中区
田坝土司遗址	省级文物保护单位	甘洛县
狮子山遗址	旧石器时代遗址	汉源县
九襄石牌坊	省级文物保护单位	汉源县
安顺场红军强渡大渡河遗址	省级文物保护单位	石棉县
三星遗址	宋代遗址	石棉县
泸定桥	全国重点文物保护单位	泸定县
磨西天主教堂	省级文物保护单位	泸定县
岚安苏维埃政府旧址	省级文物保护单位	泸定县
化林坪总兵府旧址	省级文物保护单位	泸定县
丹巴古碉群	全国重点文物保护单位	丹巴县
罕额依新石器时代文化遗址和汉代石棺葬墓群	全国重点文物保护单位	丹巴县
沃日土司官寨经楼与碉	全国重点文物保护单位	小金县
两河口会议会址	全国重点文物保护单位	小金县
达维会师遗址	全国重点文物保护单位	小金县
御制平定金川之碑	清代遗迹	金川县
哈休遗址	全国重点文物保护单位	马尔康市
松岗碉群	全国重点文物保护单位	马尔康市
大藏寺	全国重点文物保护单位	马尔康市

续表

名称	备注	属地
卓克基土司官寨	全国重点文物保护单位	马尔康市
棒托寺	全国重点文物保护单位	壤塘县
日斯满巴碉房	全国重点文物保护单位	壤塘县
措尔机寺	全国重点文物保护单位	壤塘县
茶马古道遗址	全国重点文物保护单位	康定市、泸定县、汉源县

2.2.3 文化之河

大渡河流域勤劳智慧的藏族、彝族、羌族、汉族等民族的人民创造并积淀了独具特色的民族文化。河流孕育了郭沫若、阿来等文坛巨匠和天宝、杨东生等革命先辈。大渡河流域各民族创造了各具特色的灿烂文化，上游藏族聚居区是我国藏传佛教圣地之一，格鲁派、宁玛派、觉囊派及本教都具有深厚底蕴；中游有源远流长的彝族毕摩文化；下游还有以乐山大佛为代表的汉传佛教文化。这为红色大渡河文化旅游走廊建设构筑起厚实的文化底蕴。

表4　大渡河相关著名文化作品名录

作品	作者
《七律·长征》（诗词）	毛泽东
《大渡河》（电影）	中国长春电影制片厂
《长征》（电视剧）	中国中央电视台
《歌唱二郎山》（歌曲）	洛水、时乐濛
《康定情歌》（歌曲）	民歌
《康定情歌》（电视剧）	北京金英马公司等
《尘埃落定》（小说）	阿来
《飞夺泸定桥》（实景剧）	汪甲

2.2.4 红色之河

毛泽东同志《七律·长征》中有5句描写红军长征途中最具历史性和标

志性的地方，其中4处在四川境内或交界处。“大渡桥横铁索寒”更响彻中华大地。1935年5月，中国工农红军在大渡河上飞夺泸定桥，这是长征途中的一次著名战役，见证了中国工农红军的英勇传奇。在这片土地上，有安顺场、泸定桥、磨西会议遗址、两河口会议会址、卓克基会议旧址和达维会师桥等红色遗迹，设立有四川长征干部学院甘孜泸定桥分院和雪山草地分院，丰富的红色资源逐渐在流域开花结果。这为红色大渡河文化旅游走廊建设注入强大的精神力量。

表5　大渡河流域红色遗迹名录

名称	属地
安顺场	石棉县
磨西会议遗址	泸定县
泸定桥	泸定县
岚安革命老区	泸定县
红五军团政治部遗址	丹巴县
两河口会议会址	小金县
达维会师遗址	小金县
卓克基会议旧址	马尔康市

3 大渡河流域文化旅游走廊建设的可行性研究

3.1 政策环境良好

从国家战略看，党的十八大以来，国家高度重视旅游业发展，把发展旅游业提高到经济转型升级、生态文明建设、展示国家综合实力、促进乡村振兴的战略高度，着力推动全域旅游、生态旅游。党的二十大报告对“推进文化强国，铸就社会主义文化新辉煌”作出专章部署，强调“坚持以文塑旅、以旅彰文，推进文化和旅游深度融合发展”。2014年3月，文化部和财政部联合印发《藏羌彝文化产业走廊总体规划》，提出在藏羌彝核心区打造文化产业走廊。2016年12月，国务院印发《“十三五”旅游业发展规划》，提出旅游道路建设与风景打造融为一体的战略，明确实施“滇川国家级风景道”等25条国家旅游风景道示范工程，大渡河中下游就是重要节点和起始段。这些战略规划的实施为大渡河流域文化旅游走廊建设提供了重要的战略机遇。

从地方规划看，“三州”“两市”都是著名的旅游目的地。2019年，四川省委、省政府出台《关于大力发展文旅经济 加快建设文化强省旅游强省的意见》部署“一核五带”总体布局，提出大力建设高原生态文化、藏羌民族文化、长征文化等融合发展的川西北文旅经济带。2021年10月，四川省人民政府批复《四川省“十四五”文化和旅游发展规划》，关于大渡河流域的表述包括“发展藏羌文化体验”“高水平发展大香格里拉、大贡嘎、大竹海、大蜀道文化旅游精品”“特色旅游城市康定、马尔康”“藏羌碉楼与村寨文化保护”“推进长征国家文化公园四川段建设”“整体性保护……嘉绒文化……等特色文化形态”。2022年11月，四川省文化和旅游发展大会召开，吹响“加快文化强省旅游强省建设，打造世界重要旅游目的地”冲锋号。这为大渡河文化旅游走廊建设提供了重要政策支撑。同时，大渡河流域是革命老区、民族地区、贫困地区及国家重点生态功能区，国家和四川省出台了一系列支持生态保护、乡村振兴、经济发展的政策“组合拳”，有利于推动大渡河流域文化旅游开发提档升级、互联互通。

3.2 发展态势可喜

近年来，大渡河流域的旅游业呈现蓬勃发展态势，广受国内外游客的青睐。数据显示，阿坝州旅游业2018年受九寨沟地震影响而增长不足，但也接待游客2369.47万人次、旅游收入166.71亿元；甘孜州2018年接待游客2230万人次、旅游收入222.5亿元，同比增长33.7%、34.0%；凉山州2018年接待游客4595.99万人次，旅游收入436.67亿元，同比增长4%、20.93%；雅安市2018年接待游客3740.58万人次，旅游收入320.42亿元，同比增长17.2%和25.6%；乐山市2018年接待游客近5700万人次，旅游收入近900亿元，同比增长11%、16%。大渡河流域“三州”“两市”的旅游业已经具有相当的市场认可度和社会知名度，为走廊建设建立了有效的市场渠道，为走廊品牌打造提供了宣传良机。

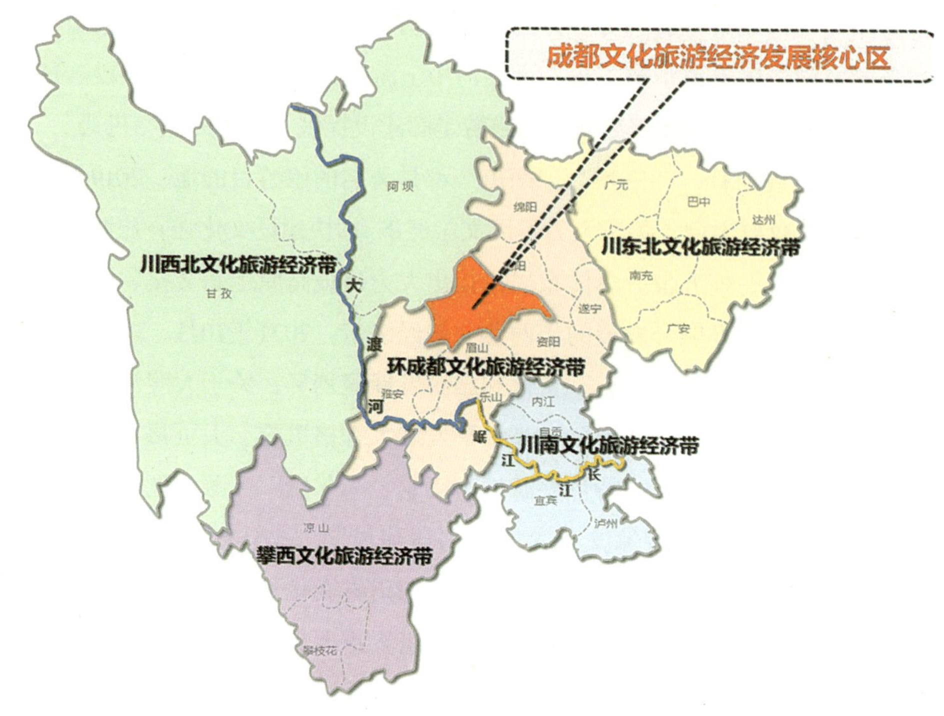

图2 大渡河流域与“一核五带”总体布局的关系

随着我国社会主要矛盾改变，文化旅游发展也随之发生转变，逐步呈现出新的特点。一是从观光游向休闲游、体验游转变，人们到一个地方观山赏水品文化，参与康养、度假、游学、养老等，不仅可以放松身心愉悦心灵，还能获得知识、体验文化。二是从景区游向全域游、生活游转变，大美河山、地域文化、民风民俗、一城一村一景都是旅游资源，旅游全域化、无景点化趋势明显。三是从团队游向自助游、深度游转变，自驾出行、网络服务、私人定制等更为普遍。四是从大众游向分众游、品质游转变，旅游成为生活的常态和“刚需”，需求更加多元化、个性化。

当前，流域乡村顺势而上，旅游发展已初显规模，相继涌现出“世外梨园”沙耳乡、“最美乡村”甲居村、“花海果乡”申沟村、“云端遗民”胜利村等先行先试典范。

表6　大渡河流域美丽乡村名录

名称	备注	属地
双山村	省级乡村旅游示范村	沙湾区
底底古村	全国乡村旅游重点村	峨边县
胜利村	全国少数民族特色村寨	金口河区
三强村	中国美丽休闲乡村	汉源县
申沟村	中国美丽乡村	汉源县
安靖村	省级乡村旅游示范村	石棉县
猛种堡子	中国传统村落	石棉县
杵坭村	中国美丽休闲乡村	泸定县
若吉村	天府旅游名村	康定市
色龙村	天府旅游名村	康定市
甲居村	全国乡村旅游重点村	丹巴县
莫斯卡村	中国传统村落名录	丹巴县
长坪村	全国乡村旅游重点村	小金县
两河村	省级历史文化名村	小金县
德胜村	四川幸福美丽乡村	金川县
代基村	四川最美古村落	马尔康市
神座村	省级乡村旅游示范村	阿坝县
加斯满村	中国传统村落	壤塘县

大渡河流域丰富多元的自然文化旅游资源，能够适应新时代旅游发展的新特点、满足现代人的旅游口味、串联重要旅游节点，建设大渡河流域文化旅游走廊，也能给各个节点的旅游带来明显的乘数效应。

3.3 交通骨架形成

大渡河流域目前康定机场已建成使用，乐山机场在建。都江堰至四姑娘山山地轨道正在建设，途经泸定、康定的川藏铁路也已开建。乐山至汉源高速公路即将建成，石棉至泸定高速公路已经开工，康定至马尔康高速公路列入规划。从成都经成雅高速、雅西高速直达石棉、汉源，经成雅高速、雅康高速直达泸定、康定，经都汶高速、汶马高速直达马尔康；从红原机场、甘孜格萨尔机场到大渡河上游阿坝县、马尔康市、色达县也只需一个多小时。四通八达的交通骨架为流域文化旅游走廊建设提供了先决条件。

3.4 开发成效明显

大渡河流域旅游资源富集，海拔适中，进出便利，在省内外都有较强的比较优势。乐山市率先启动“大渡河风景道（乐山段）”建设，着力打造全国独一无二的“低空+陆地+水上+水下”立体旅游带状景区，跨金口河区、峨边县、沙湾区、市中区，串联起乐山大佛、郭沫若故居、黑竹沟、金口大峡谷等旅游资源。溯河而上，县县都有景点，处处都是景色，乐山大佛、大渡河大峡谷、王岗坪、贡嘎山、二郎山、牛背山、跑马山、四姑娘山等风景区星罗棋布，汉源梨花节、康定情歌节、丹巴嘉绒风情节、马尔康嘉绒锅庄节等日渐成为受游人瞩目的节庆。

表7 大渡河流域景区名录

名称	备注	属地
乐山大佛景区	国家AAAAA级旅游景区	市中区
黑竹沟景区	国家AAAA级旅游景区	峨边县
大渡河金口大峡谷景区	国家AAAA级旅游景区	金口河区
汉源湖	热门景区	汉源县
九襄梨花园	热门景区	汉源县
孟获古城	热门景区	石棉县
王岗坪景区	国家AAAA级旅游景区	石棉县
安顺场景区	国家AAAA级旅游景区	石棉县
海螺沟景区	国家AAAAA级旅游景区	泸定县
泸定桥景区	国家AAAA级旅游景区	泸定县

续表

名称	备注	属地
二郎山	热门景区	泸定县
牛背山	热门景区	泸定县
跑马山景区	国家级风景名胜区片区	康定市
木格措景区	国家AAAA级旅游景区	康定市
梭坡古碉群	热门景区	丹巴县
丹巴藏寨群	国家AAAA级旅游景区	丹巴县
党岭景区	热门景区	丹巴县
莫斯卡景区	热门景区	丹巴县
四姑娘山风景名胜区	国家级风景名胜区	小金县
两河口会议纪念地旅游景区	国家AAAA级旅游景区	小金县
夹金山	省级风景名胜区	小金县
观音桥景区	国家AAAA级旅游景区	金川县
世外梨园景区	国家AAAA级旅游景区	金川县
卓克基土司官寨文化旅游景区	国家AAAA级旅游景区	马尔康市
松岗柯盘天街文化旅游景区	国家AAAA级旅游景区	马尔康市
棒托寺	热门景区	壤塘县
阿坝神座世外桃源景区	国家AAAA级旅游景区	阿坝县
莲宝叶则景区	热门景区	阿坝县

4 文化旅游走廊建设的对策措施

大渡河流域文化旅游极具开发价值，且大有可为。但是目前大渡河流域的文化旅游开发统一规划不够，发展定位不精，文化挖掘还不到位，整体水平不高，发展不平衡，存在自然旅游打造好于文化旅游打造，中下游旅游景区开发好于上游旅游景区开发等现象。这既是流域文化旅游走廊建设面临的重大挑战，更是今后加快发展的潜力所在，为此提出以下建议。

4.1 准确编制文化旅游走廊建设规划

按照摸清家底、统筹规划、区域协调的思路，统一推进大渡河流域文化旅游走廊规划编制和实施。一是对全流域的自然资源、历史资源和文化资源开展全面普查，全方位、分类型、分区域摸清全流域的资源家底，建成流域资源数据库。二是调研流域文化旅游开发现状，弄清进展动态。三是依据四川省文化旅游开发“一核五带”总体布局，突出“红色大渡河文化旅游走廊”建设的区域引领作用。

4.2 精心设计流域文化旅游精品线路

按照“4环+4专”思路，精心设计大渡河的旅游线路，全力打造大渡河文化旅游走廊。

设计“大中小微”4条流域旅游环线。大环线为成都—乐山—沙湾—峨边—金口河—甘洛—汉源—石棉—泸定—康定—丹巴—金川—马尔康—成都；中环线为成都—乐山—沙湾—峨边—金口河—甘洛—汉源—石棉—泸定—康定—丹巴—小金—成都；小环线为成都—乐山—沙湾—峨边—金口河—甘洛—汉源—石棉—泸定—康定—成都；微环线为成都—乐山—沙湾—峨边—金口河—甘洛—汉源—石棉—成都。

设计“红色、风情、名山、特色”4条流域旅游专线。红色专线为成都—石棉—泸定—丹巴—小金—成都；风情专线为成都—小金—丹巴—金川—马尔康—成都；名山专线为成都—二郎山—跑马山—贡嘎山—成都；特色专线为成都—甘孜机场—色达—壤塘—阿坝—红原机场—成都。

4.3 着力开展交旅融合发展示范

大渡河是四川文化旅游全线可进入性和吸引力最强的流域，交通等基础设施较为完善，有条件开展“交旅融合发展示范”。要重点加快泸定至石棉、久治至马尔康高速公路建设，力争康定至马尔康高速公路尽早开工，打通高速公路“最后一千米”，实现大渡河流域全线开通高速公路。坚持推进交通干线、旅游道路、景区景点等周边环境净化美化，加强观景平台、旅游厕所等建设，努力打造智慧信息平台。

4.4 全面创新流域文化旅游工作机制

立足构建独具魅力的文化影响力、特色鲜明的旅游吸引力、优质高效的产品供给力和领先水平的产业竞争力，积极创新流域文化旅游走廊建设推进机制。创新流域文化旅游业态开发机制，开发河谷度假、避暑疗养、看水赏花、登山漂流、科普探险等旅游新产品，让游客慢下来、留下来、住下来。创新流域旅游市场运作机制，推进统一市场营销，培育引进专业营运主体，打造全方位立体化营销矩阵。

参考文献

［1］郑柳青.大渡河流域旅游扶贫开发的可行性研究［J］.乐山师范学院学报，2015，30（12）：42–47.

［2］郑柳青.大渡河流域文化旅游开发战略构想［J］.乐山师范学院学报，2016，31（8）：51–55.

［3］四川省国民经济和社会发展第十三个五年规划纲要［EB/OL］.［2016-02-15］. http://www.sc.gov.cn/10462/10464/10797/2016/2/15/10368205.shtml

［4］李忠东，周江陵，邹蓉. 大河奇峡［M］. 北京：中国旅游出版社，2019：4–19.

《四川省“十四五”文化和旅游发展规划》对大渡河流域的具体部署

<table>
<tr><th colspan="2">规划项目</th><th>具体部署</th></tr>
<tr><td rowspan="3">发展布局</td><td>文化旅游走廊</td><td>长征红色旅游走廊
藏羌彝文化产业走廊
茶马古道历史文化走廊</td></tr>
<tr><td>文化旅游精品</td><td>雪山草地生态观光休闲
藏羌文化体验
大贡嘎乡村旅游集聚区
乡村民宿集群</td></tr>
<tr><td>特色旅游城市</td><td>康定、马尔康</td></tr>
<tr><td rowspan="3">文化产业</td><td>保护展示利用</td><td>藏羌碉楼与村寨文物保护</td></tr>
<tr><td>革命文物保护</td><td>长征国家文化公园四川段建设</td></tr>
<tr><td>非遗区域性整体保护</td><td>嘉绒文化</td></tr>
<tr><td rowspan="5">文化产品</td><td>国家5A级旅游景区培育创建</td><td>泸定桥景区、四姑娘山景区</td></tr>
<tr><td>国家级旅游度假区培育创建</td><td>大渡河岷江流域
雪山冰川温泉旅游度假带
甘孜州贡嘎山旅游度假区</td></tr>
<tr><td>天府旅游名县</td><td>甘孜州康定市，乐山市峨眉山市、市中区</td></tr>
<tr><td>旅游演艺</td><td>康定市作响“情歌城”品牌，打造民族地区演艺集群</td></tr>
<tr><td>国家全域旅游示范区创建</td><td>甘孜州、石棉县</td></tr>
<tr><td rowspan="3">公共服务设施</td><td>交通网络</td><td>川藏公路、川藏铁路</td></tr>
<tr><td>路景融合示范点</td><td>乐山大渡河风景道
都江堰至四姑娘山山地轨道</td></tr>
<tr><td>重大文化和旅游项目</td><td>大渡河岷江流域国家旅游风景道
长征国家文化公园
泸定桥景区核心展示区
阿坝县安多文化旅游就业创业园</td></tr>
</table>

大渡河流域基本信息图

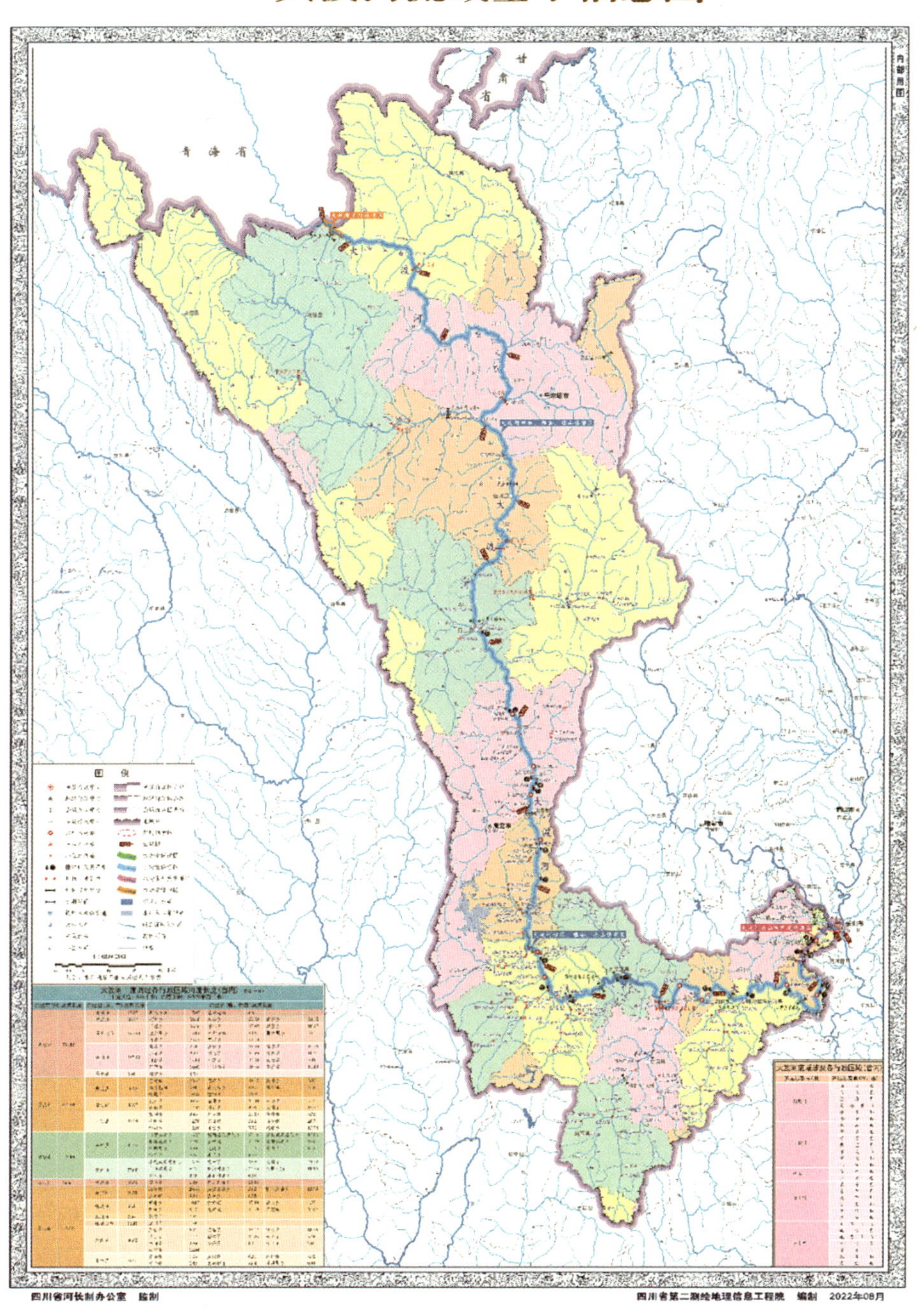

四川省河长制办公室　监制

四川省第二测绘地理信息工程院　编制　2022年08月

大渡河流域主要河流干流流经各行政区域河流长度（四川省内）（单位：千米）

流经市（州）及其长度		流经县（区、市）及其长度		流经乡（镇、街道）及其长度					
阿坝州	338.16	壤塘县	17.97	茸木达乡	17.07	南木达镇	0.9		
		阿坝县	82.73	柯河乡	39.48	垮沙乡	20.39	茸安乡	24.15
		马尔康市	167.90	日部乡	36.46	康山乡	15.82	草登乡	18.27
				龙尔甲乡	16.12	沙尔宗镇	4.86	脚木足乡	37.11
				白湾乡	23.71	党坝乡	22.08		
		金川县	107.62	集沐乡	25.13	庆宁乡	15.9	咯尔乡	15.26
				沙耳乡	3.29	勒乌镇	11.2	马奈乡	10.31
				河西乡	14.14	河东乡	11.98	独松乡	9.18
				安宁镇	10.02	马尔邦乡	15.65	曾达乡	11.49
		小金县	6.56	潘安乡	6.56				
甘孜州	242.84	丹巴县	76.96	巴底镇	23.63	巴旺乡	18.17	聂呷乡	5.25
				革什扎镇	0.91	东女谷乡	4.4	章谷镇	4.56
				梭坡乡	10.82	格宗乡	26.34		
		康定市	83.97	孔玉乡	40.35	鱼通乡	10.4	三合乡	5.51
				麦崩乡	12.81	时济乡	17.91	姑咱镇	13.57
		泸定县	83.24	烹坝镇	9.43	泸桥镇	21.59	冷碛镇	6.75
				杵坭乡	12.76	兴隆镇	5.86	德威乡	15.74
				加郡乡	12.9	田坝乡	7.7	得妥镇	26.71

续表

流经市（州）及其长度		流经县（区、市）及其长度		流经乡（镇、街道）及其长度					
雅安市	149.14	石棉县	83.42	田湾彝族乡	16.23	挖角彝族藏族乡	22.11	新民藏族彝族乡	15.83
				先锋藏族乡	2.29	新棉镇	21.79	安顺彝族乡	9.66
				棉城街道	5.9	迎政乡	5.55	永和乡	11.01
				宰羊乡	8.57	丰乐乡	8.25		
		汉源县	77.08	小堡藏族彝族乡	16.95	富林镇	16.54	大树镇	24.32
				片马彝族乡	5.77	顺河彝族乡	21.83	乌斯河镇	18.86
				皇木镇	2.11	永利彝族乡	6.38		
凉山州	36.66	甘洛县	36.66	黑马乡	6.8	乌史大桥乡	29.86		
乐山市	172.25	金口河区	39.78	永和镇	20.81	共安彝族乡	5.82	和平彝族乡	13.99
				金河镇	9.98	吉星乡	8.98		
		峨边县	68.21	宜坪乡	10.13	沙坪镇	15.8	新场乡	4.59
				共和乡	6.17	毛坪镇	11.1	五渡镇	25.02
		沐川县	7.84	茨竹乡	7.84				
		峨眉山市	15.15	龙门乡	15.15				
		沙湾区	80.62	范店乡	6.24	龚嘴镇	16.02	铜茨乡	18.26
				牛石镇	7.72	福禄镇	11.25	葫芦镇	3.98
				谭坝乡	9.8	沙湾镇	8.17	太平镇	7.01
				嘉农镇	12.04				
		市中区	18.21	安谷镇	1.03	罗汉镇	6.31	水口镇	6.92
				车子镇	0.89	大佛街道	4.84	肖坝街道	0.14

第一部分　自然保护地

概　述

天然景观是指受到人类间接、轻微或偶尔影响而原有自然面貌未发生明显变化的景观，如极地、高山、大荒漠、大沼泽、热带雨林或田野，以及某些自然保护区等。在此，主要介绍一下自然保护地，后面再对高山、湖泊、冰川进行专门介绍。

自然保护地的概念

自然保护地是由各级政府依法划定或确认，对重要的自然生态系统、自然遗迹、自然景观及其所承载的自然资源、生态功能和文化价值实施长期保护的陆域或海域。自然保护地是生态建设的核心载体、中华民族的宝贵财富、美丽中国的重要象征，在维护国家生态安全中居于首要地位。

建立保护地是世界各国保护自然的通行做法。世界自然保护联盟（IUCN）对保护地有如下定义：它是一个明确界定的地理空间，通过法律或其他有效方式获得认可、得到承诺和进行管理，以实现对自然及其所拥有的生态系统和文化价值的长期保护。设立自然保护地是为了维持自然生态系统的正常运作，为物种生存提供庇护所，具有保存物种和遗传多样性，保持特殊自然和文化特征，进行科学研究，提供教育、旅游和娱乐机会，持续利用自然生态系统内的资源等多重目的。根据IUCN数据库统计，全球已经设立包括自然保护区、国家公园在内的约22万个自然保护地，其中陆地类型的超过20万个，覆盖了全球陆地面积的12%。

我国的自然保护地包括国家公园、自然保护区及自然公园三种类型。

截至2019年年底，我国已建立各级各类自然保护地1.18万个，占国土陆域面积的18%、领海面积的4.6%，是全球生物多样性最丰富的国家之一。已建立的数量众多、类型丰富、功能多样的各级各类自然保护地，在保护生物多样性、保存自然遗产、改善生态环境质量和维护国家生态安全方面发挥了重要作用，但仍然存在重叠设置、多头管理、边界不清、权责不明、保护与发展矛盾突出等问题。

2019年，中共中央办公厅、国务院办公厅印发的《关于建立以国家公园为主体的自然保护地体系的指导意见》要求，到2020年，提出国家公园及各类自然保护地总体布局和发展规划，完成国家公园体制试点，设立一批国家公园，完成自然保护地勘界立标并与生态保护红线衔接，制定自然保护地内建设项目负面清单，构建统一的自然保护地分类分级管理体制。到2025年，健全国家公园体制，完成自然保护地整合归并优化，完善自然保护地体系的法律法规、管理和监督制度，提升自然生态空间承载力，初步建成以国家公园为主体的自然保护地体系。到2035年，显著提高自然保护地管理效能和生态产品供给能力，自然保护地规模和管理达到世界先进水平，全面建成中国特色自然保护地体系。自然保护地占国土陆域面积18%以上。

自然保护地的类型

按照自然生态系统原真性、整体性、系统性及其内在规律，依据管理目标与效能并借鉴国际经验，我国将自然保护地按生态价值和保护强度高低依次分为三类，即国家公园、自然保护区、自然公园。

国家公园：是指以保护具有国家代表性的自然生态系统为主要目的，实现自然资源科学保护和合理利用的特定陆域或海域，是中国自然生态系统中最重要、自然景观最独特、自然遗产最精华、生物多样性最富集的部分，保护范围大，生态过程完整，具有全球价值、国家象征，国民认同度高。目前我国已经建立了三江源、大熊猫、东北虎豹、祁连山、海南热带雨林等国家公园。

自然保护区是指对有代表性的自然生态系统、珍稀濒危野生动植物物种的天然集中分布区、有特殊意义的自然遗迹等保护对象所在的陆地、陆地水体或海域，依法划出一定面积予以特殊保护和管理的区域。它具有较大面积，确保主要保护对象安全，维持和恢复珍稀濒危野生动植物种群数量及赖以生存的栖息环境。

自然公园是指保护重要的自然生态系统、自然遗迹和自然景观，具有生态、观赏、文化和科学价值，可持续利用的区域，确保森林、海洋、湿地、水域、冰川、草原、生物等珍贵自然资源，以及所承载的景观、地质地貌和文化多样性得到有效保护。自然公园包括森林公园、地质公园、海洋公园、湿地公园、沙漠公园、草原公园等。

自然保护地的政策

关于建立以国家公园为主体的自然保护地体系的指导意见

（2019年6月26日，中共中央办公厅、国务院办公厅印发《关于建立以国家公园为主体的自然保护地体系的指导意见》并发出通知，要求各地区各部门结合实际认真贯彻落实。）

建立以国家公园为主体的自然保护地体系，是贯彻习近平生态文明思想的重大举措，是党的十九大提出的重大改革任务。自然保护地是生态建设的核心载体、中华民族的宝贵财富、美丽中国的重要象征，在维护国家生态安全中居于首要地位。我国经过60多年的努力，已建立数量众多、类型丰富、功能多样的各级各类自然保护地，在保护生物多样性、保存自然遗产、改善生态环境质量和维护国家生态安全方面发挥了重要作用，但仍然存在重叠设置、多头管理、边界不清、权责不明、保护与发展矛盾突出等问题。为加快建立以国家公园为主体的自然保护地体系，提供高质量生态产品，推进美丽中国建设，现提出如下意见。

一、总体要求

（一）指导思想。以习近平新时代中国特色社会主义思想为指导，全面贯彻党的十九大和十九届二中、三中全会精神，贯彻落实习近平生态文明思想，认真落实党中央、国务院决策部署，紧紧围绕统筹推进“五位一体”总体布局和协调推进“四个全面”战略布局，牢固树立新发展理念，以保护自然、服务人民、永续发展为目标，加强顶层设计，理顺管理体制，创新运行机制，强化监督管理，完善政策支撑，建立分类科学、布局合理、保护有力、管理有效的以国家公园为主体的自然保护地体系，确保重要自然生态系统、自然遗迹、自然景观和生物多样性得到系统性保护，提升生态产品供给能力，维护国家生态安全，为建设美丽中国、实现中华民族永续发展提供生态支撑。

（二）基本原则

——坚持严格保护，世代传承。牢固树立尊重自然、顺应自然、保护自然的生态文明理念，把应该保护的地方都保护起来，做到应保尽保，让当代人享受到大自然的馈赠和天蓝地绿水净、鸟语花香的美好家园，给子孙后代留下宝贵自然遗产。

——坚持依法确权，分级管理。按照山水林田湖草是一个生命共同体的理念，改革以部门设置、以资源分类、以行政区划分设的旧体制，整合优化现有各类自然保护地，构建新型分类体系，实施自然保护地统一设置，分级管理、分区管控，实现依法有效保护。

——坚持生态为民，科学利用。践行绿水青山就是金山银山理念，探索自然保护和资源利用新模式，发展以生态产业化和产业生态化为主体的生态经济体系，不断满足人民群众对优美生态环境、优良生态产品、优质生态服务的需要。

——坚持政府主导，多方参与。突出自然保护地体系建设的社会公益性，发挥政府在自然保护地规划、建设、管理、监督、保护和投入等方面的主体作用。建立健全政府、企业、社会组织和公众参与自然保护的长效机制。

——坚持中国特色，国际接轨。立足国情，继承和发扬我国自然保护的探索和创新成果。借鉴国际经验，注重与国际自然保护体系对接，积极参与全球生态治理，共谋全球生态文明建设。

（三）总体目标。建成中国特色的以国家公园为主体的自然保护地体系，推动各类自然保护地科学设置，建立自然生态系统保护的新体制新机制新模式，建设健康稳定高效的自然生态系统，为维护国家生态安全和实现经济社会可持续发展筑牢基石，为建设富强民主文明和谐美丽的社会主义现代化强国奠定生态根基。

到2020年，提出国家公园及各类自然保护地总体布局和发展规划，完成国家公园体制试点，设立一批国家公园，完成自然保护地勘界立标并与生态保护红线衔接，制定自然保护地内建设项目负面清单，构建统一的自然保护地分类分级管理体制。到2025年，健全国家公园体制，完成自然保护地整合归并优化，完善自然保护地体系的法律法规、管理和监督制度，提升自然生态空间承载力，初步建成以国家公园为主体的自然保护地体系。到2035年，显著提高自然保护地管理效能和生态产品供给能力，自然保护地规模和管理达到世界先进水平，全面建成中国特色自然保护地体系。自然保护地占陆域国土面积18%以上。

二、构建科学合理的自然保护地体系

（四）明确自然保护地功能定位。自然保护地是由各级政府依法划定或确认，对重要的自然生态系统、自然遗迹、自然景观及其所承载的自然资源、生态功能和文化价值实施长期保护的陆域或海域。建立自然保护地目的是守护自然生态，保育自然资源，保护生物多样性与地质地貌景观多样性，维护自然生态系统健康稳定，提高生态系统服务功能；服务社会，为人民提供优质生态产品，为全社会提供科研、教育、体验、游憩等公共服务；维持人与自然和谐共生并永续发展。要将生态功能重要、生态环境敏感脆弱以及其他有必要严格保护的各类自然保护地纳入生态保护红线管控范围。

（五）科学划定自然保护地类型。按照自然生态系统原真性、整体性、系统性及其内在规律，依据管理目标与效能并借鉴国际经验，将自然保护地按生态价值和保护强度高低依次分为3类。

国家公园：是指以保护具有国家代表性的自然生态系统为主要目的，实现自然资源科学保护和合理利用的特定陆域或海域，是我国自然生态系统中最重要、自然景观最独特、自然遗产最精华、生物多样性最富集的部分，保护范围大，生态过程完整，具有全球价值、国家象征，国民认同度高。

自然保护区：是指保护典型的自然生态系统、珍稀濒危野生动植物种的天然集中分布区、有特殊意义的自然遗迹的区域。具有较大面积，确保主要保护对象安全，维持和恢复珍稀濒危野生动植物种群数量及赖以生存的栖息环境。

自然公园：是指保护重要的自然生态系统、自然遗迹和自然景观，具有生态、观赏、文化和科学价值，可持续利用的区域。确保森林、海洋、湿地、水域、冰川、草原、生物等珍贵自然资源，以及所承载的景观、地质地貌和文化多样性得到有效保护。包括森林公园、地质公园、海洋公园、湿地公园等各类自然公园。

制定自然保护地分类划定标准，对现有的自然保护区、风景名胜区、地质公园、森林公园、海洋公园、湿地公园、冰川公园、草原公园、沙漠公园、草原风景区、水产种质资源保护区、野生植物原生境保护区（点）、自然保护小区、野生动物重要栖息地等各类自然保护地开展综合评价，按照保护区域的自然属性、生态价值和管理目标进行梳理调整和归类，逐步形成以国家公园为主体、自然保护区为基础、各类自然公园为补充的自然保护地分类系统。

（六）确立国家公园主体地位。做好顶层设计，科学合理确定国家公园建设数量和规模，在总结国家公园体制试点经验基础上，制定设立标准和程序，划建国家公园。确立国家公园在维护国家生态安全关键区域中的首要地位，确保国家公园在保护最珍贵、最重要生物多样性集中分布区中的主导地位，确定国家公园保护价值和生态功能在全国自然保护地体系中的主体地位。国家公园建立后，在相同区域一律不再保留或设立其他自然保护地类型。

（七）编制自然保护地规划。落实国家发展规划提出的国土空间开发保护要求，依据国土空间规划，编制自然保护地规划，明确自然保护地发展目标、规模和划定区域，将生态功能重要、生态系统脆弱、自然生态保护空缺的区域规划为重要的自然生态空间，纳入自然保护地体系。

（八）整合交叉重叠的自然保护地。以保持生态系统完整性为原则，遵从保护面积不减少、保护强度不降低、保护性质不改变的总体要求，整合各类自然保护地，解决自然保护地区域交叉、空间重叠的问题，将符合条件的优先整合设立国家公园，其他各类自然保护地按照同级别保护强度优先、不同级别低级别服从高级别的原则进行整合，做到一个保护地、一套机构、一块牌子。

（九）归并优化相邻自然保护地。制定自然保护地整合优化办法，明确整合归并规则，严格报批程序。对同一自然地理单元内相邻、相连的各类自然保护地，打破因行政区划、资源分类造成的条块割裂局面，按照自然生态系统完整、物种栖息地连通、保护管理统一的原则进行合并重组，合理确定归并后的自然保护地类型和功能定位，优化边界范围和功能分区，被归并的自然保护地名称和机构不再保留，解决保护管理分割、保护地破碎和孤岛化问题，实现对自然生态系统的整体保护。在上述整合和归并中，对涉及国际履约的自然保护地，可以暂时保留履行相关国际公约时的名称。

三、建立统一规范高效的管理体制

（十）统一管理自然保护地。理顺现有各类自然保护地管理职能，提出自然保护地设立、晋（降）级、调整和退出规则，制定自然保护地政策、制度和标准规范，实行全过程统一管理。建立统一调查监测体系，建设智慧自然保护地，制定以生态资产和生态服务价值为核心的考核评估指标体系和办法。各地区各部门不得自行设立新的自然保护地类型。

（十一）分级行使自然保护地管理职责。结合自然资源资产管理体制改革，构建自然保护地分级管理体制。按照生态系统重要程度，将国家公园等自然保护地分为中央直接管理、中央地方共同管理和地方管理3类，实行分级设立、分级管理。中央直接管理和中央地方共同管理的自然保护地由国家批准设立；地方管理的自然保护地由省级政府批准设立，管理主体由省级政府确定。探索公益治理、社区治理、共同治理等保护方式。

（十二）合理调整自然保护地范围并勘界立标。制定自然保护地范围和区划调整办法，依规开展调整工作。制定自然保护地边界勘定方案、确认程序和标识系统，开展自然保护地勘界定标并建立矢量数据库，与生态保护红线衔接，在重要地段、重要部位设立界桩和标识牌。确因技术原因引起的数据、图件与现地不符等问题可以按管理程序一次性纠正。

（十三）推进自然资源资产确权登记。进一步完善自然资源统一确权登记办法，每个自然保护地作为独立的登记单元，清晰界定区域内各类自然资源资产的产权主体，划清各类自然资源资产所有权、使用权的边界，明确各类自然资源资产的种类、面积和权属性质，逐步落实自然保护地内全民所有自然资源资产代行主体与权利内容，非全民所有自然资源资产实行协议管理。

（十四）实行自然保护地差别化管控。根据各类自然保护地功能定位，既严格保护又便于基层操作，合理分区，实行差别化管控。国家公园和自然保护区实行分区管控，原则上核心保护区内禁止人为活动，一般控制区内限制人为活动。自然公园原则上按一般控制区管理，限制人为活动。结合历史遗留问题处理，分类分区制定管理规范。

四、创新自然保护地建设发展机制

（十五）加强自然保护地建设。以自然恢复为主，辅以必要的人工措施，分区分类开展受损自然生态系统修复。建设生态廊道、开展重要栖息地恢复和废弃地修复。加强野外保护站点、巡护路网、监测监控、应急救灾、森林草原防火、有害生物防治和疫源疫病防控等保护管理设施建设，利用高科技手段和现代化设备促进自然保育、巡护和监测的信息化、智能化。配置管理队伍的技术装备，逐步实现规范化和标准化。

（十六）分类有序解决历史遗留问题。对自然保护地进行科学评估，将保护价值低的建制城镇、村屯或人口密集区域、社区民生设施等调整出自然保护地范围。结合精准扶贫、生态扶贫，核心保护区内原住居民应实施有序搬迁，对暂时不能搬迁的，可以设立过渡期，允许开展必要的、基本的生产活动，但不能再扩大发展。依法清理整治探矿采矿、水电开发、工业建设等项目，通过分类处置方式有序退出；根据历史沿革与保护需要，依法依规对自然保护地内的耕地实施退田还林还草还湖还湿。

（十七）创新自然资源使用制度。按照标准科学评估自然资源资产价值和资源利用的生态风险，明确自然保护地内自然资源利用方式，规范利用行为，全面实行自然资源有偿使用制度。依法界定各类自然资源资产产权主体的权利和义务，保护原住居民权益，实现各产权主体共建保护地、共享资源收益。制定自然保护地控制区经营性项目特许经营管理办法，建立健全特许经营制度，鼓励原住居民参与特许经营活动，探索自然资源所有者参与特许经营收益分配机制。对划入各类自然保护地内的集体所有土地及其附属资源，按照依法、自愿、有偿的原则，探索通过租赁、置换、赎买、合作等方式维护产权人权益，实现多元化保护。

（十八）探索全民共享机制。在保护的前提下，在自然保护地控制区内划定适当区域开展生态教育、自然体验、生态旅游等活动，构建高品质、多样化的生态产品体系。完善公共服务设施，提升公共服务功能。扶持和规范原住居民从事环境友好型经营活动，践行公民生态环境行为规范，支持和传承传统文化及人地和谐的生态产业模式。推行参与式社区管理，按照生态保护需求设立生态管护岗位并优先安排原住居民。建立志愿者服务体系，健全自然保护地社会捐赠制度，激励企业、社会组织和个人参与自然保护地生态保护、建设与发展。

五、加强自然保护地生态环境监督考核

实行最严格的生态环境保护制度，强化自然保护地监测、评估、考核、执法、监督等，形成一整套体系完善、监管有力的监督管理制度。

（十九）建立监测体系。建立国家公园等自然保护地生态环境监测制度，制定相关技术标准，建设各类各级自然保护地“天空地一体化”监测网络体系，充分发挥地面生态系统、环境、气象、水文水资源、水土保持、海洋等监测站点和卫星遥感的作用，开展生态环境监测。依托生态环境监管平台和大数据，运用云计算、物联网等信息化手段，加强自然保护地监测数据集成分析和综合应用，全面掌握自然保护地生态系统构成、分布与动态变化，及时评估和预警生态风险，并定期统一发布生态环境状况监测评估报告。对自然保护地内基础设施建设、矿产资源开发等人类活动实施全面监控。

（二十）加强评估考核。组织对自然保护地管理进行科学评估，及时掌握各类自然保护地管理和保护成效情况，发布评估结果。适时引入第三方评估制度。对国家公园等各类自然保护地管理进行评价考核，根据实际情况，适时将评价考核结果纳入生态文明建设目标评价考核体系，作为党政领导班子和领导干部综合评价及责任追究、离任审计的重要参考。

（二十一）严格执法监督。制定自然保护地生态环境监督办法，建立包括相关部门在内的统一执法机制，在自然保护地范围内实行生态环境保护综合执法，制定自然保护地生态环境保护综合执法指导意见。强化监督检查，定期开展“绿盾”自然保护地监督检查专项行动，及时发现涉及自然保护地的违法违规问题。对违反各类自然保护地法律法规等规定，造成自然保护地生态系统和资源环境受到损害的部门、地方、单位和有关责任人员，按照有关法律法规严肃追究责任，涉嫌犯罪的移送司法机关处理。建立督查机制，对自然保护地保护不力的责任人和责任单位进行问责，强化地方政府和管理机构的主体责任。

六、保障措施

（二十二）加强党的领导。地方各级党委和政府要增强“四个意识”，严格落实生态环境保护党政同责、一岗双责，担负起相关自然保护地建设管理的主体责任，建立统筹推进自然保护地体制改革的工作机制，将自然保护地发展和建设管理纳入地方经济社会发展规划。各相关部门要履行好自然保护职责，加强统筹协调，推动工作落实。重大问题及时报告党中央、国务院。

（二十三）完善法律法规体系。加快推进自然保护地相关法律法规和制度建设，加大法律法规立改废释工作力度。修改完善自然保护区条例，突出以国家公园保护为主要内容，推动制定出台自然保护地法，研究提出各类自然公园的相关管理规定。在自然保护地相关法律、行政法规制定或修订前，自然保护地改革措施需要突破现行法律、行政法规规定的，要按程序报批，取得授权后施行。

（二十四）建立以财政投入为主的多元化资金保障制度。统筹包括中央基建投资在内的各级财政资金，保障国家公园等各类自然保护地保护、运行和管理。国家公园体制试点结束后，结合试点情况完善国家公园等自然保护地经费保障模式；鼓励金融和社会资本出资设立自然保护地基金，对自然保护地建设管理项目提供融资支持。健全生态保护补偿制度，将自然保护地内的林木按规定纳入公益林管理，对集体和个人所有的商品林，地方可依法自主优先赎买；按自然保护地规模和管护成效加大财政转移支付力度，加大对生态移民的补偿扶持投入。建立完善野生动物肇事损害赔偿制度和野生动物伤害保险制度。

（二十五）加强管理机构和队伍建设。自然保护地管理机构会同有关部门承担生态保护、自然资源资产管理、特许经营、社会参与和科研宣教等职责，当地政府承担自然保护地内经济发展、社会管理、公共服务、防灾减灾、市场监管等职责。按照优化协同高效的原则，制定自然保护地机构设置、职责配置、人员编制管理办法，探索自然保护地群的管理模式。适当放宽艰苦地区自然保护地专业技术职务评聘条件，建设高素质专业化队伍和科技人才团队。引进自然保护地建设和发展急需的管理和技术人才。通过互联网等现代化、高科技教学手段，积极开展岗位业务培训，实行自然保护地管理机构工作人员继续教育全覆盖。

（二十六）加强科技支撑和国际交流。设立重大科研课题，对自然保护地关键领域和技术问题进行系统研究。建立健全自然保护地科研平台和基地，促进成熟科技成果转化落地。加强自然保护地标准化技术支撑工作。自然保护地资源可持续经营管理、生态旅游、生态康养等活动可研究建立认证机制。充分借鉴国际先进技术和体制机制建设经验，积极参与全球自然生态系统保护，承担并履行好与发展中大国相适应的国际责任，为全球提供自然保护的中国方案。

大渡河流域自然保护地名录

四川省大渡河流域自然保护地名录（52个）

序号	保护地名称	所在市州	所在县市区
1	四川贡嘎山国家级自然保护区	甘孜州	康定市 泸定县 九龙县
		雅安市	石棉县
2	四川南莫且湿地国家级自然保护区	阿坝州	壤塘县
3	四川黑竹沟国家级自然保护区	乐山市	峨边县
4	四川四姑娘山国家级自然保护区	阿坝州	小金县
5	四川栗子坪国家级自然保护区	雅安市	石棉县
6	四川申果庄省级自然保护区	凉山州	越西县
7	四川马鞍山省级自然保护区	凉山州	甘洛县
8	四川莫斯卡省级自然保护区	甘孜州	丹巴县
9	四川金汤孔玉省级自然保护区	甘孜州	康定市
10	四川泰宁玉科省级自然保护区	阿坝州	金川县
		甘孜州	道孚县
			康定市
11	四川墨尔多山省级自然保护区	甘孜州	丹巴县
12	四川香格里拉州级自然保护区	阿坝州	壤塘县
13	四川岷江柏州级自然保护区	阿坝州	马尔康市
14	四川严波也则州级自然保护区	阿坝州	阿坝县

续表

序号	保护地名称	所在市州	所在县市区
15	四川党岭州级自然保护区	甘孜州	丹巴县
			道孚县
16	四川竹厂沟省级自然保护区	阿坝州	金川县
17	四川色曲河珍稀鱼类州级然保护区	甘孜州	色达县
18	四川八月林县级自然保护区	乐山市	金口河区
19	四川宅垄猕猴省级自然保护区	阿坝州	小金县
20	四川雍忠岭县级自然保护区	甘孜州	丹巴县
21	四川泥拉坝湿地县级自然保护区	甘孜州	色达县
22	四川年龙县级自然保护区	甘孜州	色达县
23	四川卡娘县级自然保护区	甘孜州	炉霍县
			色达县
24	四川海螺沟国家森林公园	甘孜州	泸定县
25	四川黑竹沟国家森林公园	乐山市	峨边县
26	四川夹金山国家森林公园	阿坝州	小金县
27	四川美女峰国家森林公园	乐山市	沙湾区
28	四川金川国家森林公园	阿坝州	金川县
29	四川泸定二郎山国家森林公园	甘孜州	泸定县
30	四川纳龙河森林公园	凉山州	甘洛县
31	四川梭磨河森林公园	阿坝州	马尔康市
32	四川梦笔山森林公园	阿坝州	小金县
33	四川大渡河源森林公园	甘孜州	丹巴县
34	四川翁达省级森林公园	甘孜州	色达县
35	四川牦牛谷森林公园	甘孜州	丹巴县
36	四川大瓦山国家湿地公园	乐山市	金口河区

续表

序号	保护地名称	所在市州	所在县市区
37	四川沙湾大渡河国家湿地公园	乐山市	沙湾区
38	四川阿坝多美林卡国家湿地公园	阿坝州	阿坝县
39	四川色达果根塘省级湿地公园	甘孜州	色达县
40	四川莲宝叶则省级湿地公园	阿坝州	阿坝县
41	四川措朗沟省级湿地公园	阿坝州	金川县
42	四川四姑娘山国家地质公园	阿坝州	小金县
43	四川海螺沟国家地质公园	甘孜州	泸定县
44	四川大渡河峡谷国家地质公园	乐山市	金口河区
		凉山州	甘洛县
		雅安市	汉源县
45	峨眉山—乐山大佛国家级风景名胜区	乐山市	峨眉山市
			市中区
46	贡嘎山国家级风景名胜区	甘孜州	康定市
			泸定县 九龙县
47	四姑娘山国家级风景名胜区	阿坝州	小金县
48	田湾河省级风景名胜区	雅安市	石棉县
49	黑竹沟省级风景名胜区	乐山市	峨边县
50	大渡河—美女峰省级风景名胜区	乐山市	沙湾区
51	墨尔多山省级风景名胜区	甘孜州	丹巴县
52	峨眉山—乐山大佛世界文化与自然遗产	乐山市	市中区

当前，全省对现有自然保护地的整合优化工作还在进行中，按照目前各地报送的文案，未来保护地的设置会有不小的调整与整合。

班玛县自然保护地概况

三江源国家级自然保护区班玛县管理区域

班玛县管理区域中，玛可河辖区面积共1971.27平方千米，其中核心区面积为364.58平方千米，缓冲区面积为586.73平方千米，试验区面积为1019.96平方千米；多可河辖区面积共3687.76平方千米，其中核心区面积为137.03平方千米，缓冲区面积为96.71平方千米，试验区面积为3454.02平方千米。涉及八乡一镇，其中达卡、吉卡、知钦、灯塔、亚堂为三江源自然保护核心区，玛可河、多贡麻、江日堂、赛来塘为保护区。

玛可河国家湿地公园

玛可河国家湿地公园位于青海省班玛县东部，北起班玛县与达日县县界，南至班玛县境内的三江源自然保护区边界，地理坐标为东经100° 28′ ~100° 49′ 、北纬32° 52′ ~33° 15′ 。公园南北长60.39千米，东西宽0.83千米，总面积1610.74公顷，是以大渡河源头河流玛可河为主的高原河流湿地。

规划范围主要包括班玛县境内除去三江源国家级自然保护区以外的玛可河干流全部流域及其周边河岸草地。玛可河自西北向东南呈Y字形蜿蜒下行，贯通湿地公园全境。

2021年12月29日，国家林业和草原局发布了44个通过验收的国家湿地公园名单，玛可河国家湿地公园在列。

壤塘县自然保护地概况

四川南莫且湿地国家级自然保护区

一、地理位置

四川南莫且湿地国家级自然保护区地处四川省西北部、阿坝州壤塘县东部，地理坐标为东经101° 07′ ~101° 29′ 、北纬31° 59′ ~32° 24′ 。其东与马尔康市相邻，南与壤塘县蒲西乡、石里乡接壤，西与壤塘县上壤塘乡、中壤塘乡、尕多乡和吾依乡毗邻，北与阿坝县相连。保护区入口处距壤塘县县城40千米，距州府马尔康市区240千米，距成都市区635千米。行政区划涉及壤塘县上壤塘乡和中壤塘乡。保护区内最高海拔为4732米，最低海拔为3480米，总面积为98410公顷。保护区划分为核心区、缓冲区、实验区3个功能区，其中核心区面积为67444.3公顷，占保护区总面积的68.5%；缓冲区面积为11569.1公顷，占保护区总面积的11.8%；实验区总面积为19396.6公顷，占保护区总面积的19.7%。

保护区属川西北高原丘陵宽谷地貌，地势较为平缓，河谷开阔。在保护区海拔4000米以上山地广泛分布有第四纪冰川作用遗留下来的古冰斗，积水成湖，形成了大大小小36个高山天然湖泊。保护区所在地系长江上游大渡河一级支流则曲河的发源地。

二、历史沿革

保护区始建于2002年9月；2005年3月，经四川省人民政府批准为省级自然保护区；2018年2月，经国务院批准新建为国家级自然保护区。

三、主要保护对象

1. 以高原湿地生态系统为主，包括区内的森林、草地、湿地、高山流石滩、荒漠等多个生态系统类型。

2. 以川陕哲罗蛙、白唇鹿、马鹿、林麝、马麝、雪豹、黑颈鹤、绿尾虹雉、红花绿绒蒿等为代表的珍稀野生动植物资源。

四、动植物资源

据科学考察统计，保护区内有维管植物76科301属722种，有国家重点保护野生植物红花绿绒蒿、山莨菪等。从地理位置来看，保护区处于鳞皮云杉分布的北界、粗枝云杉分布的西界，也是我国森林植被分布的北界附近地区。

保护区内有野生脊椎动物23目64科218种，在动物地理区划上属于古北界与东洋界的交汇区域。有国家重点保护野生动植物42种，其中国家Ⅰ级重点保护物种9种，国家Ⅱ级重点保护物种33种。

五、建设管理现状

目前，保护区管理机构为四川南莫且高原湿地自然保护区管理处，内设机构有综合办公室、科研宣教科、保护及社区共管科等科室，1个监测站，上壤塘和中壤塘2个保护站。管理处为正科级事业单位，核事业编制10名，科级领导职数3名。内部管理实行“管理处—保护站”两级管理体系。

六、周边社会状况

与保护区关系最密切的乡村涉及上壤塘乡康龙、长河、查卡、雪木达、仁棚和中壤塘镇布康木达、壤塘、查托、伊根门多及吾依乡西西村等10个村。目前，10个村均通公路、通电、通电话，无工矿企业。保护区与上壤塘乡、吾依乡和中壤塘镇以及周边10个村之间的关系融洽，与社区居民关系良好，开展社区工作较为容易，但由于资金和技术力量有限，目前难以给周边社区居民生产、生活条件的改善提供直接帮助。

四川杜苟拉州级自然保护区

一、地理位置

四川杜苟拉州级自然保护区位于壤塘县西北部，地理坐标为东经100° 30′ ~101° 00′ 、北纬32° 20′ ~32° 40′ ，行政区域跨该县上杜柯乡、岗木达乡、吾依乡。保护区北至日柯沟北侧山脊，与上杜柯乡接壤，南邻俄尔柯沟南面山脊我色尔曲河口段北岸，东南与石里乡毗邻，东以杜柯河为界，西与甘孜州色达县交界。区内最高海拔5178米（杜苟拉甲格则峰），最低海拔2900米；东西宽约40千米，南北长50千米。保护区总面积为90847公顷，其中核心区面积为52861.35公顷，占保护区总面积的58.19%；缓冲区面积为7493.31公顷，占保护区总面积的8.25%；实验区面积为30492.34公顷，占保护区总面积的33.56%。

二、历史沿革

保护区始建于2000年；2001年6月，经阿坝州人民政府批准为州级自然保护区。

三、主要保护对象

保护区是以森林生态系统和白唇鹿、雪豹等珍稀野生动物及其栖息地为主要保护对象的森林和野生动物类自然保护区。

四、周边社会状况

保护区所涉及上杜柯、岗木达、吾依3乡共有12个自然村，总人口0.86万余人，占全县总人口的20%，人口密度每平方千米2.8人。

阿坝县自然保护地概况

四川严波也则州级自然保护区

一、地理位置

四川严波也则州级自然保护区位于四川西北部、阿坝州阿坝县境内，地理坐标为东经101° 07′ ~101° 34′ 、北纬32° 36′ ~33° 01′ 。保护区现有面积116870公顷，其中核心区面积为63920公顷，缓冲区面积为23330公顷，实验区面积为29620公顷。

二、历史沿革

保护区始建于2000年；2001年6月，升级为州级自然保护区。

三、主要保护对象

保护区主要保护以白唇鹿、马麝、林麝、西藏野驴、扭角羚、水鹿、白臀鹿、藏原羚、鬣羚、斑羚、岩羊等为主的野生动物及其栖息地。

四川阿坝多美林卡国家湿地公园

一、地理位置

四川阿坝多美林卡国家湿地公园位于阿坝州阿坝县中部，位置紧邻阿坝县城，被誉为阿坝县城的“城市之肾”。湿地公园地处大渡河上游东源的阿曲河流域中上游，属大渡河水系。规划修编后湿地公园总面积2495.51公顷，海拔介于3240~4320米，海拔落差1080米。湿地公园东西（最）长60.22千米，南北（最）宽40.44千米，地理坐标为东经101° 9′ ~101° 47′ 、北纬32° 51′ ~33° 15′ 。

湿地公园内各类湿地总面积2214.29公顷，湿地率为88.73%。根据《中华人民共和国国家标准：湿地分类（GB/T 24708–2009）》，湿地公园湿地类型可划分为河流湿地、湖泊湿地和沼泽湿地3大类。其中，河流湿地总面积为2094.53公顷，占湿地公园湿地总面积的94.59%，包括1534.35公顷的永久性河流湿地和560.18公顷的洪泛湿地；湖泊湿地总面积为77.45公顷，约占湿地公园湿地总面积的3.50%，属永久性淡水湖泊湿地；沼泽湿地42.31公顷，约占湿地公园湿地总面积的1.91%，均为草本沼泽湿地。区划划分为2个功能区：保育区和合理利用区。其中保育区面积2424.28公顷，约占湿地公园总面积的97.15%；合理利用区总面积71.23公顷，约占湿地公园总面积的2.85%。

二、历史沿革

2020年12月，入选国家林业和草原局“2020年通过验收的国家湿地公园名单”。

三、景观资源

1. 湿地景观。阿曲河由西北向东南蜿蜒流过湿地公园全境。在阿坝县城附近的阿曲河河床宽缓、河道分岔极多，河道间形成无数的沙洲、河心岛和滩涂。

2. 湿地动物。湿地公园内最具特色的动物景观要数湿地鸟类，种类多且易见，是该区湿地鸟类的一大特色，尤其是普通秋沙鸭和赤麻鸭。此外，灰鹤、红脚鹬等水鸟的种群数量也较大，几乎每天都能见到它们的踪迹；黑颈鹤每年夏天到此繁殖，湿地公园范围内一般多见2~3只的小群。

3. 地貌景观。阿坝县西南部属滇青藏巨型“歹”字型构造头部东侧的外围地带。该结构褶皱紧密，伴有与地层走向基本一致的断层，湿地公园地貌的形成是这些断裂长期活动的产物。因此，湿地公园是研究阿曲河流域第四纪运动学和动力学的天然博物馆。

4. 天象景观。主要包括彩虹、蓝天、白云、繁星、飞雪等，具有一定的典型性和奇特性。

5. 人文景观。一是纯朴的民俗风情，湿地公园周边居民以安多藏族居民为主体。这里的藏族居民勤劳勇敢，淳朴豪放，诚信友善。该区妇女平时以着藏装为主，男子藏、汉装兼着，劳作时一般着汉装。他们粗犷豪放，能歌善舞，“会走路就会跳舞，会说话就会唱歌”是他们生活的写照。二是独具特色的藏式建筑，湿地公园周边区域的村寨一般十余户，多则上百户聚居成一个寨子。寨子多数建在河谷两岸台地上，由独具安多藏族地区特色的土房组成，其整体特点是厚墙、宽院、泥土封顶（靠近县城区域的房顶多为斜坡型，房顶覆盖红瓦），形成集住宿、会客、储粮等多功能于一体的堡垒式土房建筑风格。

四、动植物资源

湿地公园内有高等植物62科162属314种，其中苔藓植物3科4属5种，蕨类植物7科7属12种，裸子植物3科4属7种，被子植物49科147属290种。

湿地公园内有脊椎动物23目58科154种（典型的湿地野生动物9目17科39种，包括6种中国特有鱼类、4种中国特有或主要分布于中国的两栖类，以及29种鸟类）。其中鱼类1目2科6种，两栖类2目4科4种，爬行类1目1科1种，鸟类14目39科126种，兽类5目11科17种。有国家Ⅰ级重点保护野生动物马麝、黑颈鹤、胡兀鹫和东方白鹳；国家Ⅱ级重点保护野生动物17种，包括兔狲、白臀鹿、黑鸢、雀鹰、普通鵟、秃鹫、高山兀鹫、大鵟、游隼、燕隼、白马鸡、勺鸡、血雉、蓝马鸡、纵纹腹小鸮、雕鸮和灰鹤。

五、建设管理现状

2016年成立了四川阿坝多美林卡国家湿地公园管理局，2020年更名为阿坝县四川阿坝多美林卡国家湿地公园管理服务中心。目前，管理服务中心作为湿地公园湿地资源保护管理和各部门管理协调的专职机构，为县林业和草原局所属正科级一类事业单位。

四川莲宝叶则省级湿地公园

一、地理位置

四川莲宝叶则省级湿地公园位于四川省阿坝州阿坝县西北部，与青海省交界。其地理坐标为东经108° 8′ ~101° 19′ 、北纬33° 2′ ~33° 10′ 。湿地公园批复总面积为3668.49公顷，界图实测面积为3660.63公顷。其中保育区、恢复重建区的面积之和为2755.86公顷，占湿地公园总面积的75.28%。涉及安斗乡、龙藏乡，由扎嘎尔沟沟谷及其两岸部分支流以及章木沟沟谷及其两岸部分支流共同构成。湿地类型包括河流湿地、湖泊湿地和沼泽湿地三大类。

二、历史沿革

2011年，获批建立省级湿地公园。

三、景观资源

1. 自然观光。扎嘎尔沟、章木沟、达尔中沟、恩章莫沟的景观资源丰富，可以观赏到湿地山林河谷、草原森林、高山海子、神山圣湖、昆仑圣境。

2. 生态旅行。依托湿地公园独特的自然生态环境和人文生态系统，采取生态友好方式，开展生态体验、生态教育、生态认知，并让游客在旅途中获得身心愉悦。

四、动植物资源

湿地公园内高等植物只有1个种的科有23科，共有23个物种，分别占总科数的40.35%和总种数的12.85%；少种科（2~5种）有26科，共有75个物种，分别占总科数的45.61%和总种数的41.90%。多种科（6种以上）仅有8科（杨柳科、毛茛科、蔷薇科、龙胆科、玄参科、菊科、禾本科和莎草科），共有81个物种，分别占总科数的14.04%和总种数的45.25%。

湿地公园内有脊椎动物21目48科83属109种。其中鱼类1目2科2属2种，两栖类2目4科5属5种，爬行类1目3科3属3种，鸟类13目26科53属76种，哺乳类4目13科20属23种。有国家重点保护野生动物10种，其中国家Ⅰ级保护野生动物2种、国家Ⅱ级保护野生动物8种。

五、建设管理现状

设管理处，人员配置为20人，设规划建设股、资源保护和旅游开发股。

马尔康市自然保护地概况

四川岷江柏州级自然保护区

一、地理位置

四川岷江柏州级自然保护区的地理坐标为东经101° 46′ ~102° 05′ 、北纬31° 44′ ~32° 01′ 。其西与木尔宗乡、沙佐村接壤，北与蒲志村、孔龙村毗邻，东与白莎村、沙市村、大坝口村、七里村和直波村相连，南与金川县相邻。保护区距马尔康市区约14千米，距成都市区约340千米。区域总面积为31600公顷，其中核心区面积为4900公顷，缓冲区面积为5700公顷，实验区面积为21000公顷。

二、历史沿革

2000年9月，被批准设立岷江柏县级自然保护区，同时明确保护区总面积为506平方千米；2001年6月，经阿坝州人民政府批准为州级自然保护区；2004年6月，保护区总面积由506平方千米调整为34600公顷；2008年4月，保护区范围由34600公顷调整为31600公顷。

三、主要保护对象

保护区主要保护对象为岩羊、猕猴、岷江柏、红豆杉等珍稀动植物及其栖息地。

四川省梭磨河森林公园

一、地理位置

四川省梭磨河森林公园位于马尔康市东南部，距马尔康市10千米，东至鹧鸪山垭口，南至邛崃山山脊，西至德瓦纳木措山脊，北至定心桥沟尾山脊。其地理坐标为北纬31° 35′ ~32° 01′ 、东经102° 11′ ~102° 40′ 。森林公园总面积为115212.02公顷，所属行政乡镇包括梭磨乡的马塘村、砍竹村、色尔米村、代修村、木尔溪村、古尔沟村、毛木初村，卓克基镇的纳足村、查米村、西索村。

二、历史沿革

2017年6月，经四川省人民政府批准设立，由阿坝州马尔康市林业局经营管理。森林公园范围为马尔康市林业局管辖下的204林场。

三、景观资源

1. 地文景观资源。包括典型地质构造、标准地层剖面、生物化石、名山、奇特的象形山石、洞穴及其他地文景观。代表性景观为道沟山、梭磨河大峡谷。

2. 水文景观资源。包括风景河段、漂流河段、湖泊、瀑布、泉、冰川及其他水文景观。代表性景观为冰川湖泊、梭磨河、高山瀑布、溪流。

3. 生物景观资源。包括各种自然或人工栽植的森林、古树名木、奇花异草等观叶、观花植物景观以及动物资源。代表性景观为高山栎林、桦木—高山柳混交林、云冷杉—桦木混交林、黄果冷杉林、岷江冷杉林、高山柏林、栎灌丛、刺黄连灌丛、杜鹃灌丛、高山草甸景观、金色桦木林、娇艳栒子、苍翠冷杉林、挺拔云杉林；藏酋猴、金雕、斑尾榛鸡等。

4. 天象景观资源。包括雪景、雨景、云海、朝晖、夕阳等。代表性景观为云雾景观、星月漫天、彩虹映天、冰雪景观。

5. 人文景观资源。包括历史古迹、古今建筑、社会风情等。代表性景观为卓克基会议旧址、蜀锦楼、红军树、红军坪。

四、动植物资源

区域内森林垂直带谱明显，由低到高依次为亚热带常绿阔叶林带—落叶阔叶林带—针阔混交林带—针叶林带—高山疏林带—高山灌丛带—高山草甸—高山寒漠带—永久积雪。

区域内有维管束植物82科352属1002种。其中，蕨类植物19科50属162种，裸子植物3科9属20种，被子植物60科293属820种。国家重点保护植物有油麦吊云杉和红花绿绒蒿。

区域内动物资源包括兽类74种、鸟类210种、爬行类17种、两栖类10种、鱼类8种。合计有脊椎动物319种，有金丝猴、牛势羚、豹、雪豹、林麝、马麝等国家重点保护动物。

五、建设管理现状

（一）森林公园管理现状

森林公园现由阿坝州马尔康市林业局管理，增设“四川梭磨河省级森林公园管理局”。

按照“一个机构、两块牌子”的原则，局内设各科室（部门）与马尔康市林业局内设各科室（部门）岗位设置相对应。即：设办公室、资源保护与培育科（天保办）、规划与建设科（产业科）、计划与财务科（计财科）、人力资源与安全科（劳人科）、生态教育与宣传科（政治处）、防火与保卫科（森防办）。

（二）森林公园建设现状

1.交通条件

（1）外部交通条件

公路交通：森林公园距马尔康市区10千米。目前，进入马尔康的公路有国道317线（成都—马尔康）、省道210线卓小公路（小金县—马尔康市）、省道209线红马公路（红原县—马尔康市）、省道211线金马公路（金川县—马尔康市）。

航空交通：森林公园距红原机场102千米。目前主要开通红原—成都、红原—重庆2条航线。

（2）内部交通条件

森林公园现有内部道路总长201千米，其中水泥路86千米，碎石路18千米，林区公路95千米，石阶步道2千米。

2.通信条件

网络通信信号在森林公园内基本实现了全覆盖。

3.水电条件

建有饮用水生产基地1个，能满足森林公园内生产生活用水。由国家电网集中供电，能满足森林公园内的用电需求。

4.接待设施条件

不能承担游客接待任务。

金川县自然保护地概况

四川竹厂沟州级自然保护区

一、地理位置

四川竹厂沟州级自然保护区位于青藏高原东南缘向四川盆地过渡地区、阿坝州金川县东部，跨勒乌乡和万林乡，东邻小金县，西南与金川镇、河西乡、河东乡毗邻，南与安宁、卡撒相接，西与沙耳乡隔河相望，西北部与咯尔乡相连。其地理坐标为东经102° 4′ ~102° 19′ 、北纬31° 18′ ~31° 39′ 。保护区总面积为46881公顷，其中核心区面积为19349.8公顷，占保护区总面积的41.27%；缓冲区面积为5111.2公顷，占保护区总面积的10.90%；实验区面积为22420.0公顷，占保护区总面积的47.82%。景区东西宽约23千米，南北长约40千米。

二、历史沿革

2000年，保护区成立。2001年，被批准为州级自然保护区。

三、主要保护对象

保护区是森林和野生动物类型自然保护区。

四川金川国家森林公园

一、地理位置

四川金川国家森林公园位于阿坝州金川县境内，跨观音桥镇、二嘎里乡、毛日乡、马奈镇、独松乡和阿坝州观音桥国有林保护局、金川县国有林保护中心管护区等地，地理坐标为东经101° 36′ ~102° 00′ 、北纬31° 10′ ~31° 46′ 。

（一）核心景观区

情人海景区太阳河谷的中段解放坡区域、南段情人海区域和嘎达山景区南部甲巴斯郎山区域为核心景观区。核心景观区面积为3091.89公顷，占公园总面积的6.32%。该区域拥有亚高山暗针叶林景观、高山栎林景观、高山杜鹃林景观。

（二）一般游憩区

一般游憩区规划面积为24136.63公顷，占公园总面积的49.35%。其中，情人海景区面积为18493.94公顷，嘎达山景区面积为5642.69公顷。

（三）管理服务区

公园管理服务区规划面积为807.96公顷，占公园总面积的1.65%。

（四）生态保育区

该区是公园高原山地地质景观、典型山地森林植被景观和珍稀濒危物种的主要分布区域，面积20873.51公顷，占公园总面积的42.68%。其中，情人海景区15304.39公顷，嘎达山景区5569.12公顷。该区主要包括公园大多数的亚高山暗针叶林、高山栎林等植被分布区，以及珍稀保护动物分布区和公园奇特的地质景观区，其生态敏感度较高，具有重大科学文化价值和保存价值。该区不仅可为游憩区提供满足生态平衡和拓展景观资源培育的空间，有利于生物物种的繁衍和迁徙，同时可永久性保护该区域的生物资源和景观资源，防止人为干扰和破坏，是森林公园可持续发展的重要保障。

二、历史沿革

2017年，被批准建立四川金川国家森林公园；2018年，被批准改变经营范围，公园面积由47900公顷改变为48910公顷。

三、景观资源

（一）川西高原独有的集雪山、森林、高原湖泊为一体的情人海景观

公园内的情人海位于毛日乡撒尔足村，地处太阳河上游，紧邻阿科里草原。情人海为典型冰蚀湖，长约2千米，宽约380米，最深处达70米，水域面积约为5万平方米，容积约8754万立方米。湖水常年如镜，秀美之景首推色彩多变的湖色。晴日，湖色由近到远呈现出银白、湛蓝、深青、墨绿的神奇色谱；

夕阳西下，呈现湖东染金、湖心翠绿、湖西石绿之色相。湖畔是苍翠挺拔的原始森林，由冷杉、云杉、落叶松、高山柏组成。春、夏两季，满山苍翠欲滴，尽显勃勃生机；秋季，山野披上金黄外衣，在阳光的映照下耀眼夺目。再往高处则是矮灌、草甸，远处连绵起伏的山顶为白雪覆盖，恰似一幅人间仙境的绝美画卷。情人海流传着一个古老而凄美的爱情传奇故事，被藏族群众奉为神湖，是纯洁爱情的化身。情人海融迷人风光和美丽神秘传说于一体，为大渡河上游秀美的高原湖泊。

（二）具有典型而独特的山地森林植被景观

1. 具备川西山地完整的植物垂直带谱

因公园境域气候垂直变化，分别形成山地温带半干旱气候区、山地寒温带湿润气候区、山地亚寒带湿润气候区、山地寒带半湿润气候区4个山地气候区。土壤也呈垂直变化，海拔2600~4700米，分布着山地灰褐土、山地棕壤、山地暗棕壤、高山草甸土、高山寒漠土5个土壤带。在气候、土壤等环境因素影响下，在公园范围内形成了阔叶林带、针阔混交林带、针叶林带、高山灌丛草甸带4个森林垂直分布带，具有较强典型性。

2. 具有大面积落叶阔叶林和针阔混交林资源

在公园内海拔2500~4000米地段，有3234.20公顷山地寒温带天然阔叶林，树种主要有红桦、川白桦、山杨、白杨、青杨、高山栎。每到深秋季节，树叶以红、黄为基调，随节令变化，演化出粉红、橘红、紫红、淡黄、米黄、金黄、橙黄之缤纷彩叶，形成霜林烟霞景观。这些原始阔叶森林为山地寒温带地带性植被，生态功能价值和彩林观赏价值很高。

针阔混交林多见于公园内海拔2500~2900米沟谷附近，以铁杉、冷杉、云杉和桦树、杨树、槭树等为主。乔木层铁杉树高25~35米，胸径26~50厘米；槭树树高15~20米，胸径18~25厘米；桦木树高15~20米，胸径20~50厘米。灌木层多见中华绣线梅、菱叶海桐等。草本植物种类少，生长稀疏，覆盖度20%~40%，以喜阴湿的种类为主，常见的有云雾苔草、麦冬等。针阔混交林景观兼有针叶林的稳重之感，同时也有阔叶林多变的鲜活色彩，属过渡性景观资源，更是秋季红叶景观主要植被之一。

3. 具有高海拔地区特有的古雅而独特的高山栎林景观

情人海景区、嘎达山景区均分布有大片的高山栎林，资源面积达1260公顷，主要分布在公园内海拔2900~4100米的地带。高山栎林枝繁叶茂、浑圆树冠密布坡岭，远观如暗绿珠玉镶嵌，景观古雅独特，十分珍贵。高山栎林水源涵养能力较强，对于维护大渡河上游生态平衡、构筑长江上游生态屏障、保障中国西部地区生态安全具有重要作用。

（三）具有大渡河上游典型的高原山地风光

森林公园地处青藏高原东部与四川盆地结合部、大渡河上游山地与草地的过渡带，这一特殊的地理位置使公园纵跨山原地貌、高山峡谷两个高原山地地貌类型，高原地貌类型齐全。高山峡谷风光集中于嘎达山景区，由V型峡谷景观和奇异的怪石、幽深的洞穴等喀斯特地貌景观构成。山原地貌风光位于情人海景区，由冰原地貌、冰川地貌演化而成，分布有冰斗、冰川湖等景观。公园高原山地景观丰富多样且独特，在大渡河上游具有典型性和地域代表性。

1. 高山峡谷风光

山峰景观：公园山峰主要有：①嘎达山。嘎达山位于嘎达山景区中部、大金川西侧，距省道S211线仅7千米。嘎达山海拔2457~4264米，相对高差1807米，占地面积2240公顷，由4座山峰组成，呈环状排列。嘎达山山峦起伏，峡谷深长，极具雄奇之气。以酸性花岗岩构成的山岭，经长期侵蚀，覆盖层大都剥落，崖壁陡峭，刃脊纵横，多奇石、洞穴景观，植被茂密。此外，嘎达山具有神秘的宗教文化传承，又被称为嘎达神山。②位于嘎达山景区中部的甲色斯朗山，海拔最低2400米，最高4196米。人迹罕至，植被保存完整。③情人峰位于嘎达山中部，海拔3780米，由2座直立岩石组成，形如一对情人相拥而立，惟妙惟肖。④位于嘎达山景区华西坝南侧的大鹏山，紧邻的三座山峰形如大鹏展翅，其附近至今还残存着东女国王城遗址，是目前国内考古发现唯一一座鸟卵形状的王城布局。

峡谷景观：①太阳河谷长57千米，每到秋季红叶满山，形成绵延不绝的百里高山彩林景观。②独脚沟位于嘎达山景区，全长9.7千米，相对高差

850米，犹如一条龙盘旋展伸的峡谷，有茂密森林、瀑布溪流、悬崖峭壁等景观。③斯马都沟位于嘎达山景区，全长12.9千米，相对高度1200米，峡谷深切，人迹罕见。

奇石景观：主要分布于嘎达山景区。由于岩层破碎造成嘎达山境内有众多大小不一、形状各异的奇石，形成公园一道独特景观。①亚洲第一石佛——东巴·石菩萨奇石，形似一尊佛像，高达240米。②东女王头像高20余米，最粗处直径15米，头像神态逼真，栩栩如生，如人工雕造一般，成为当地一大绝妙的自然景观。③嘎达山上部的经书岩宽260米、高75米，岩石层层叠叠，远看就像一本巨大无比的稀贵经书，在阳光照射下光芒万丈。④洗身池地处海拔3850米的山脊，池长1.5米、宽0.9米、深0.6米，被誉为天然浴池，相传是神仙们洗身沐浴的地方。⑤山脊上由乱石自然堆积而成的“天狗望月”，天狗形态栩栩如生，令人拍手称奇。

洞穴景观：①嘎达山巨型岩洞。洞中最高处高近10米，洞顶及洞壁怪石嶙峋。②嘎达山菩萨洞。洞口仅有60厘米高，洞内平地可容一两百人，还有众多形如动物、奇形怪状的岩石，令人称奇。③嘎达山石门洞府。门高80米，顶呈圆拱形，岩石纹路色彩斑斓，犹如一幅精美图画，令人惊叹于大自然的鬼斧神工。

2. 山原地貌风光

山原地貌景观位于情人海景区，景区最高海拔4587米，最低海拔2541米。海拔4300米以上，受冰川刨蚀，形成圆突而厚实的矮山，山谷相间，冰斗明显，谷坡高一般不超过100米；海拔4000~4300米之间，基岩裸露，冰蚀严重，多为参差不齐的峰脊；海拔4000米以下，长期受流水的切割，形成以阿科里为中心而四射缓降的若干个中山，分布有大小不一的湖泊、沼泽。山原地貌景观既不同于高山峡谷风光，又区别于典型的高山草地风光。它兼具二者优势，既有高原山地雄伟之气，又有高原草地壮阔之美。其中太阳河谷高原森林、百里河谷彩林、高原湖泊、山地河谷等原生态自然风光，其美景给人以超凡脱俗之感。

（四）丰富、聚合度高的组合景观

公园集雄秀景观与壮阔视野于一身，有高原森林36193公顷、高山草甸1530公顷，有河流、湖泊等众多湿地资源，其高山森林—草甸—湿地聚集组合景观是高山生态系统垂直带与组合带最为典型的景观类型，有亚高山暗针叶林景观、高山栎林景观、高山杜鹃林景观，还有大渡河上游少见的壮美的百里彩林景观。公园拥有极具魅力的地文景观和水文景观，公园集山原地貌、高山峡谷地貌等独特而丰富的地文景观于一体，拥有亚洲第一石佛——东巴·石菩萨、大渡河上游最美的高原湖泊——情人海和气势磅礴的龙龟飞瀑。公园汇集了丰富的藏族人文传承，主要有号称“第二拉萨”的土基钦波观音庙、悬空古庙群、古东女国王城遗址以及被列入国家级非物质文化遗产的马奈锅庄等，具有国内唯一性。以上高度聚合景观资源如一幅壮阔无比的生态画卷，享誉青藏高原与四川盆地过渡地带，具有重要的观赏审美愉悦、多元生态系统认知、自然地理科研、生态文化感知价值，具有森林公园资源条件典范性。

（五）浩瀚的亚高山暗针叶林景观

亚高山暗针叶林景观在公园垂直分布于海拔2800~4200米地带，面积16165公顷，占公园森林面积的36.83%。亚高山暗针叶林以冷杉林、云杉林为主，其中冷杉林10437公顷，云杉林5818公顷，为公园主要森林景观之一。成林树种除川西云杉、紫果云杉、岷江冷杉、鳞皮冷杉4个建群种外，尚见有紫果冷杉与粗枝云杉。亚高山暗针叶林林相整齐，林内结构较为简单，通视度一般约20~30米。亚高山暗针叶林植株挺拔，呈塔形，外观呈墨绿色，给人以苍茫稳重之感，具有较高的观赏价值，更是构筑长江上游生态屏障重要的植被类型。

（六）壮美的百里河谷彩林景观

百里河谷彩林位于情人海景区，贯穿太阳河谷，由河谷两岸大面积阔叶林、针阔混交林构成。百里河谷彩林为大渡河上游罕有大规模高山河谷彩林，具有两大特点：①极具规模。彩林所处的太阳河全长57千米，流域面积3036公顷，为大渡河上游杜柯河最长支流，依托其形成的彩林堪称大渡河上游最长的河谷彩林。彩林蜿蜒曲折，绵延不绝，宏伟壮观。②彩林色彩丰富，鲜艳美丽。百里彩林植被茂密，森林覆盖率超过90%，乔木、灌木、草本植物种类丰富。植被季相变化复杂而丰富，彩林色彩层次相当丰富。春天万物吐翠，夏日花草争纷，深秋层林焕彩，隆冬漫天飞雪，宛若世外桃源、人间天堂。最为壮美的是秋天的彩林，槭树、桦木等阔叶乔木或灌木树种叶片颜色随着时间的推移逐渐变为嫩黄、浅黄、明黄、猩红、淡红、血红，加之高原气候和优良的空气质量，使色彩更显无污染的鲜活本色，彩林色彩更加鲜艳，尽显色彩缤纷、层林尽染之美景。

（七）神奇的嘎达山景观

嘎达山位于嘎达山景区中部，海拔2457~4264米，相对高差1807米，占地面积2240公顷。由于地理位置偏远等因素，嘎达山至今保存着原始的自然风貌，是一块难得的净土。嘎达山的地质构造为复式褶皱，岩层破碎，形成山高谷深、植被茂密、山势陡峭，多奇石、洞穴、瀑布的原始而独特的高山峡谷景观。其中有自然天成高达240米的亚洲第一石佛——东巴·石菩萨、情人峰、大鹏山、东女王头像、经书岩、洗身池、天狗望月、巨型岩洞、菩萨洞、石门洞府、龙龟飞瀑、响水瀑布、洞府清泉、犀牛沱，以及甲色斯朗山、独脚沟峡谷、斯马都沟峡谷等景观。嘎达山是古东女国王城所在地，现仍保存有东女国王城遗址。嘎达山还是本教圣地，据考证在鼎盛时期曾建有108座寺庙，至今仍保留有僧人修行用的悬空古庙群遗迹。嘎达山所在乡镇的马奈锅庄，已列入国家非物质文化遗产名录。神秘而丰富的藏族历史、宗教等文化传承集于一山，彰显了嘎达山在藏族历史人文领域的显著地位。嘎达山集原始独特的高山峡谷景观和丰富、神秘的藏族文化传承于一山，十分罕见。

四、动植物资源

金川国家森林公园有维管植物198科1568种，其中蕨类植物14科43属102种，裸子植物5科16属34种，被子植物179科578属1432种。国家Ⅰ级保护植物有红豆杉、南方红豆杉、水杉，国家Ⅱ级保护植物有岷江柏木、连香树、四川牡丹等。

森林公园内兽类有54个种，鸟类有154个种，两栖类动物有8个种，爬行类动物有12个种。森林公园野生动物主要有雪豹、扭角羚、林麝、白唇鹿、盘羊、岩羊、金雕、斑尾榛鸡、绿尾虹雉、雀鹰、草原雕、藏马鸡等。

五、建设管理现状

森林公园由金川县林业和草原局进行管理。

四川金川措朗沟省级湿地公园

一、地理位置

四川金川措朗沟省级湿地公园位于金川县阿科里乡境内，紧邻阿科里乡政府驻地西侧。湿地公园规划总面积为2789.08公顷，其中湿地保育区面积为2312.35公顷，占湿地公园总面积的82.91%；恢复重建区面积为309.05公顷，占湿地公园总面积的11.08%；合理利用区面积为75.71公顷，占湿地公园总面积的2.71%；科普宣教区面积为86.78公顷，占湿地公园总面积的3.11%；管理服务区面积为5.19公顷，占湿地公园总面积的0.19%。

二、历史沿革

2017年，被批准设立四川金川措朗沟省级湿地公园。

三、主要保护对象

湿地公园主要保护典型的河流—高原沼泽复合湿地生态资源。

四、动植物资源

湿地公园内有两栖动物2目4科5属7种，爬行动物1目2科2属2种，鸟类14目37科87属137种，兽类5目14科29属36种。有国家重点保护鸟类17种，四川省重点保护鸟类3种。国家重点保护野生动物有金雕、胡兀鹫、鸢、大鵟、普通鵟、秃鹫、高山兀鹫、猎隼、红隼、血雉、藏雪鸡、白马鸡、雪鹑、雕鸮和纵纹腹小鸮。

湿地公园内有维管束植物67科255属538种，其中蕨类植物9科10属14种，裸子植物2科3属3种，被子植物56科242属521种。

五、建设管理现状

湿地公园由金川县林业和草原进行管理。

丹巴县自然保护地概况

四川莫斯卡省级自然保护区

一、地理位置

四川莫斯卡省级自然保护区的地理坐标为东经101° 33′ ~101° 40′ 、北纬31° 12′ ~31° 23′ 。保护区总面积为13920.39公顷，其中核心区面积为7100.27公顷，缓冲区面积为3050.65公顷，实验区面积为3769.47公顷。区域涉及丹东乡和边耳乡，其中边耳乡所属面积3486.56公顷，占保护区总面积的25.05%；丹东乡所属面积10442.87公顷，占保护区总面积的75.02%。区域内最高海拔4960米（金龙沟沟尾的无名山峰），最低海拔约为3700米（位于保护区东南部，保护区边界与莫斯卡沟交叉点上）。保护区南北长约19.4千米，东西宽约10.5千米。

二、历史沿革

1995年，保护区成立；1999年，被批准晋升为省级自然保护区。

三、主要保护对象

1. 以高寒湿地生态系统为主要保护对象，包括区内的河流湿地、湖泊湿地、沼泽湿地和沼泽化草甸等多个生态系统类型。

2. 以猕猴、马熊、黑熊、石貂、香鼬、艾鼬、雪豹、黑颈鹤、岩羊、高原林蛙、胸腺猫眼蟾、西藏蟾蜍、四川红杉等为代表的珍稀野生动植物资源。

四、动植物资源

保护区内有脊椎动物20目54科183种，其中兽类6目16科38种，鸟类12目35科142种，两栖类2目3科3种。

保护区内有维管植物共计91科306属788种，其中苔藓植物20科29属39种，蕨类植物11科12属22种，裸子植物3科5属11种，被子植物57科260属716种。

五、建设管理现状

管理机构为莫斯卡省级自然保护区服务中心。

四川墨尔多山省级自然保护区

一、地理位置

四川墨尔多山省级自然保护区位于丹巴县太坪桥乡、墨尔多山镇、巴旺乡境内。其东西宽约16千米，南北长约38.8千米。保护区总面积为62103公顷，其中核心区面积为12139.21公顷，缓冲区面积为12824.39公顷，实验区面积为31842.52公顷。

二、历史沿革

1998年，被批准为州级自然保护区；1999年，被批准为省级自然保护区。

三、主要保护对象

（一）阔叶林生态系统及其生物多样性。

（二）四川盆地边缘大渡河上游支流大、小金川河交汇处的典型地质结构和自然景观。

（三）古遗迹、古碉群。

四、动植物资源

保护区内鱼类有2目4科11种，两栖类有2目4科9种，爬行类有1目4科12种，鸟类有13目27科131种，兽类有6目19科53种。

保护区内苔藓植物有22科31属38种，蕨类植物有23科33属81种，裸子植物有7科14属26种，被子植物有116科385属1102种。

五、建设管理现状

管理机构为墨尔多山自然保护区管理站，保护区下辖5个保护站。

党岭州级自然保护区

一、地理位置

党岭自然保护区位于甘孜州丹巴县东北部，地理坐标为东经101° 18′ ~101° 34′ 、北纬30° 55′ ~31° 15′ ，东邻丹巴县丹东所在地，以牦牛坪沟向南为界，西以党岭雪山与道孚县界相接，南达丹巴县夏普隆理阿与道孚县界相连，北至五冲沟源头。根据保护区主要保护对象的分布，将保护区西北部面积为6500公顷、南部面积12500公顷，合计19000公顷，占保护区总面积的36%的范围，区划为核心区。核心区集中了保护区内以高寒沼泽—冰川及流石滩植被为主的森林生态系统，是保护区内生态系统保存最完好的区域，也是各种珍稀野生动物最主要的栖息地和分布区。将保护区范围内紧邻西片核心区东侧面积3600公顷的范围和南片核心区北侧面积5000公顷的范围，以及东侧面积2500公顷的范围，作为保护区缓冲区进行管理。三片缓冲区面积11100公顷，占保护区总面积的26%。沿着党岭河—五重科一线，面积约18500公顷占保护区总面积38%的范围，是该保护区内社区居民生产生活（包括放牧、耕种等）的集中区域，也是该区域景观资源较为集中分布的区域，根据保护区功能，结合所在地人民政府国民经济现状与发展，将其区划为实验区。

二、历史沿革

2000年，保护区成立；2003年4月，被批准为州级自然保护区。

三、主要保护对象

保护区主要保护以森林、高山草甸、高山湖泊和珍稀野生动植物等生态系统为主体的生物多样性。

四川雍忠岭县级自然保护区

一、地理位置

四川雍忠岭县级自然保护区的地理坐标为东经101° 40′ ~101° 53′ 、

北纬30° 24′~30° 40′。保护区在东谷乡行政区域内，距丹巴县城40余千米。保护区南北长约27千米，东西宽约18千米，总面积约31300公顷。区内最高海拔为5340米，最低海拔为2000米，涉及邓巴和拔冲两个村。

二、历史沿革

2003年，被批准设立县级自然保护区。

三、主要保护对象

（一）以高山峡谷地貌为主，包括森林、草地、湿地多态系统类型。

（二）以林麝、雪豹、金雕、猕猴及云杉、红豆杉为代表的珍稀野生动植物。

四川省丹巴大渡河源省级森林公园

一、地理位置

四川省丹巴大渡河源省级森林公园的地理坐标为东经101° 38′~101° 46′、北纬30° 49′~30° 54′，海拔2750~4905米，总面积为5824.9公顷。

管理服务区位于森林公园竹子沟沿线约3.5千米带状区域，面积为86.28公顷，占森林公园总面积的1.48%。一般游憩区位于森林公园的竹子沟两侧区域和女王心海子周边区域，直至山脊，面积为2362.75公顷，占整个森林公园总面积的40.56%，呈“T”形横卧。核心景观区在位置关系上分为两块区域，一块位于森林公园竹子沟北面吉葱山腰区域，一块位于竹子沟南部林区，面积为2046.48公顷，占森林公园总面积的35.13%。生态保育区面积为1329.39公顷，占森林公园总面积的22.83%。

二、历史沿革

2019年，被批准为省级森林公园。

三、景观资源

该森林公园以周边浓厚的文化底蕴为基础，以独具特色的高山峡谷、水体、彩林、草甸、高山湖泊为主体，是集森林旅游、户外运动、科普科研、文化体验等功能于一体的山岳型森林公园。森林公园有四大著名景观：一是杜鹃如霞，二是秋林如屏，三是瀑布悬冰流珠，四是海子静影沉璧。“春来采花摘绿，夏凉观湖赏瀑，秋实红叶尽染，冬凌踏雪寻山”是对森林公园四季风光最好的概括。

四、动植物资源

森林公园有维管植物83科318属997种，其中蕨类植物11科16属26种，裸子植物4科8属18种，被子植物68科294属953种，有红豆杉等国家重点保护野生植物。

森林公园有脊椎动物25目64科216种，其中鱼类2目3科7种，两栖动物2目4科4种，爬行动物2目4科4种，鸟类13个目37科158种，兽类6目16科43种，有雪豹、白唇鹿、林麝等国家重点保护野生动物。

五、建设管理现状

经营管理机构为四川丹巴大渡河源省级森林公园管理局，森林公园管理局与丹巴国有林保护管理局实行“两块牌子、一套班子”管理体制。

四川省牦牛谷省级森林公园

一、地理位置

四川省牦牛谷省级森林公园由泥冲沟、磨子沟、磨子山、泥冲山等组成，地理坐标为东经101° 41′ ~101° 43′ 、北纬30° 38′ ~30° 41′ ，总面积约1005.97公顷。

二、历史沿革

2019年，被批准为省级森林公园。

三、景观资源

桦木林是森林公园泥冲沟、磨子沟等主要支沟均可见的典型群落，分布海拔3250~3800米，面积约130.80公顷。杜鹃花海是森林公园最迷人的观花植物景观，7种杜鹃呈梯状分布在海拔3500~4200米的泥冲沟、磨子沟地带，面积325.69公顷。高山栎分布海拔3300~3950米，面积35.73公顷。乔木层主要由川滇高山栎构成，灌木层主要为矮高山栎，伴生有少量的香椿、高山杜鹃等常绿树种。高山草甸景观主要分布于海拔4200~4600米的近山顶地带，面积76.85公顷，莎草科、禾本科种类较丰富。

在大雪山脉与邛崃山之间，谷坡一般在35°~50°，壁高300~500米，相对高差达1748米。泥冲山、磨子山峰峦叠嶂、高山对峙，峡谷幽深，沟谷众多，山奇林秀，水幽石美，具有清幽的迷人风光。有明艳湖、明媚湖、明丽湖三处玲珑小巧的高山海子，散落在泥冲沟沟尾，分布海拔分别为4554米、4527米、4460米，面积分别为0.87公顷、0.81公顷、0.39公顷，在群山环抱下，湖水碧绿透明。

四、动植物资源

森林公园有维管植物61科213属622种。比较有代表性的木本植物有高山栎、白桦、红桦、云杉、冷杉、铁杉、高山柳、高山松、落叶松等，还生长有虫草、天麻、松茸等珍稀药材和菌类。

森林公园有兽类24种、鸟类100多种，有林麝、马麝、金雕、胡兀鹫、斑尾榛鸡等国家重点保护动物。

五、建设管理现状

没有成立专门的机构，由县林业局野保办具体组织管理。

墨尔多山省级风景名胜区

一、地理位置

墨尔多山省级风景名胜区位于大渡河源头，在大、小金川交汇处，总面积约为590平方千米。

二、历史沿革

2000年，被批准设立四川省第六批省级风景名胜区。

三、景观资源

风景名胜区以高山、森林、湖泊等景观和碉楼、藏寨等为主要内容。其景观特征可概括为六点：墨尔多山风景、党岭风光、雍忠岭景色、梭坡古碉、中路古人类遗址、嘉绒藏寨。

小金县自然保护地概况

四姑娘山国家级自然保护区

一、地理位置

四姑娘山国家级自然保护区位于四川省阿坝州小金县东部，地理坐标为东经102° 42′ ~102° 58′ 、北纬30° 54′ ~31° 16′ 。保护区总面积为560平方千米，其中核心区面积为185平方千米，占保护区总面积的33.0%；缓冲区面积为156平方千米，占保护区总面积的27.9%；实验区面积为219平方千米，占保护区总面积的39.1%。保护区北面以小金县与理县的县界为界，南面止于小金县与宝兴县的县界；东面以小金县与汶川县的县界为界，与汶川县卧龙国家级自然保护区毗连；西面以双桥沟与木尔寨沟之间的山脊为界，再沿沙坝沟左侧山脊往南，至小金县和宝兴县的交界山脊。

二、历史沿革

1993年，被列为省级风景名胜区；1993年，成立小金县四姑娘山风景名胜区管理局；1995年3月，被列为县级自然森林生态及野生动物保护区；1996年11月，经国务院批准建立为国家级自然保护区。

三、主要保护对象

保护区地处我国地貌第一阶梯青藏高原向第二级阶梯四川盆地的过渡地带，横断山区东缘的极高山地区，其生态系统具有两大地貌单元的特点。山体下部是川西盆周山地高海拔地带典型独特的暗针叶林，以冷杉、云杉、红杉和方枝柏等组成的原始森林生态系统及其林下极厚的腐殖质和苔藓层，具有极高的生物多样性维持功能和水源涵养功能，在同纬度上具有全球生物多样性保护的重要意义。

保护区是国家Ⅰ级重点保护野生动物羚牛等在四川分布的西北边缘，我国白唇鹿分布的西南边缘，这些重要物种的交汇分布，表现出保护区自然地理过程和生境类型的过渡性、混合性、复杂性和独特性。本区大熊猫、雪豹、金钱豹、斑尾榛鸡、绿尾虹雉等国家Ⅰ级重点保护野生动物的同域分布现象，反映出保护区生态系统的过渡性及特殊性，说明保护区的生物多样性及其生境具有重要的保护价值和科学研究价值。

保护区具有大面积的古冰川和现代冰川地貌，两种冰川都充分发育，不仅对长江上游主要支流大渡河水源涵养和稳定长江水体生态系统具有重要意义，而且具有极高的科学研究价值和观赏价值。

四、动植物资源

保护区已发现维管束植物123科536属2343种，其中蕨类植物有20科37属96种，种子植物有103科499属2247种。保护区现有9种国家重点保护野生植物，独叶草、玉龙蕨是国家Ⅰ级重点保护植物。

保护区记录到脊椎动物26目58科145种，其中哺乳类有7目20科47种，鸟类有14目28科75种，爬行类有1目4科11种，两栖类有2目3科5种，鱼类有2目3科7种。国家Ⅰ级重点保护野生动物17种，国家Ⅱ级重点保护野生动物有35种，包括大熊猫、羚牛、川金丝猴、白唇鹿、雪豹、绿尾虹雉、小熊猫等。

五、建设管理现状

保护区管理局综合办公楼位于四姑娘山镇，主要用作办公、职工住宿以及公安分局、森林警察、消防专职队办公和住宿基地。另设有7个保护站、17个管护点、4个检查点、2座瞭望塔。

保护区外建有污水厂、垃圾（填埋）处理厂各一座，基本能满足全镇生活污水和垃圾处理。保护区内现有公用厕所51座，其中环保型厕所29座，冲水卫生厕所5座，旱厕17座。

保护区在长坪沟、双桥沟和海子沟开展了生态旅游，建立了一批生态旅游设施，包括修建了3个游客中心、生态旅游栈道及其相关的配套设施设备。

长坪沟科普宣教基地展览宣教和标本展示厅约1500平方米。修建的生态旅游栈道和配套设施包括：海子沟景区有游客中心—海子沟保护站木栈道约

550米，海子沟保护站—朝山坪木栈道约2400米，海子沟保护站—朝山坪石栈道约620米；在栈道沿线配套建立了游客休息点8处，环保厕所和生态厕所10座。在双桥沟景区有人参果坪—科普宣教基地—隆珠措—四姑娜措—布达拉峰—红杉林等沿线建立栈道约40千米，在栈道沿线修建了游客休息点9处，生态环保厕所10座，服务点3处，乘车点5座，以及红杉林高原救护医疗点等配套设施。在长桥沟景区有喇嘛寺—马道入口栈道约650米，马道入口—枯树滩栈道约2800米，枯树滩—下干海子栈道约3200米，上干海子环湖栈道约230米，喇嘛寺配套乘车点1处；栈道沿线修建有游客休息点12处，观景点4处，生态环保厕所9座，以及喇嘛寺居民服务点等配套服务设施。

四川宅垄猕猴省级自然保护区

一、地理位置

四川宅垄猕猴省级自然保护区位于大渡河上游、小金县西南部，南沿与G350、小金川河道大致平行偶有交错，地理坐标为东经102° 9′ ~102° 20′ 、北纬31° 2′ ~31° 12′ ，距小金县城12千米。保护区涉及宅垄镇、新桥乡，南北长15.20千米、东西宽14.92千米，总面积为11992.61公顷。

二、历史沿革

2000年，被确定为县级自然保护区；2017年，成立保护区管理办公室，由县林草局直接管理。

三、主要保护对象

保护区主要保护对象是猕猴等珍稀野生动植物及森林生态系统。

四川夹金山国家森林公园

一、地理位置

四川夹金山国家森林公园的地理坐标为东经102° 31′ ~102° 45′ 、北纬30° 50′ ~31° 11′ 。保护区东西宽约207千米，南北长约382千米，由小金县综合林场及达维镇所属的木城沟、木尔寨沟组成。公园总面积为2349公顷，分为木尔寨沟景观片区和木城沟景观片区。

木尔寨沟景观片区的地理坐标为东经102° 39′ ~102° 45′ 、北纬30° 58′ ~31° 01′ ，主要涉及小金县达维镇，包含石门坎、大草坪、水草坪、大红岩、滥木杆大坪、九架海、牦牛棚子、大牛场、龙骨车等区域。

木城沟景观片区的地理坐标为东经102° 31′ ~102° 41′ 、北纬30° 50′ ~30° 57′ ，主要涉及夹金山垭口、马院子、上下木城、夹金海子等区域。

二、历史沿革

2000年，经国家林业局批准建立四川夹金山国家森林公园。

三、动植物及景观资源

森林公园生物多样性十分丰富，地貌类型多样，峻岭、奇峰、悬崖峭壁、洞穴、峡谷等景观组合良好。瀑布、河流遍布，水质清澈，植被繁茂，空气清新。其中，木尔寨沟景观片区地文景观突出，森林环境优越。木城沟景观片区水文景观突出，历史文化内涵深厚。两大景区各有特色，具有很高的旅游开发价值。

（一）自然景观特色

1. 地文资源

森林公园的山峰具有地势陡险、山岭连绵、重峦叠嶂、危岩耸突、峭壁如削的特点。群山紧紧环抱，雪峰成群，千岩竞秀，万壑争流，奇峰峻岭高耸云天。这里的峡谷险而深邃，崖壁升耸，危岩对峙，翠嶂青峰，深涧中惊浪雷奔；这里的山峰高耸入云，形态各异，姿态优美，似骏马，似金蟾，似神犬；这里的洞穴（溶洞）幽深神秘，洞中钟乳石千姿百态。

2. 生物资源

森林公园属于高山峡谷针叶林、落叶阔叶林、针叶阔叶混交林、常绿针叶林带分布区，森林生态系统保存完好，蕴藏着丰富的植物种类和植被类型。园内丰富的植物资源和茂密的森林，为野生动物提供了良好的栖息环境，野生动物种类繁多。

3. 水文资源

森林公园内主要有天然高山湖泊、瀑布、跌水、溪流、冰川等，有的滴水击石，宛若轻拨琴弦；有的激越狂奔，似蛟龙下山。在空间上变化丰富，节奏明快，构成了多姿多彩的溪流水景。木尔寨沟倒沟至牛园子地段，集中分布了6处瀑布，水量虽少，但落差较大，尤以“三叠水”飞瀑最为壮观。

4. 天象资源

森林公园内天象景观主要包括冰雪景观、云雾景观、日月星辰景观3个基本类型，尤以雪景著称。每到寒冬，鹅毛般的大雪犹如大风卷起了棉花山，整个公园银装素裹。夹金山的日出和晚霞也颇具欣赏性。清晨时分，一轮红日从山峰绝壁上空跃然而出，瞬间金光万丈，遇着潮润的空气幻化成七彩光环，十分壮观。

（二）人文景观特色

1. 红军长征光辉灿烂

夹金山是中国工农红军二万五千里长征中翻越的第一座大雪山。现存史迹有红军翻山走过的小路以及沟口附近著名的会师桥，红色气息庄严厚重，整个景区恰似一座巨大的红军长征文化博物馆。

2. 嘉绒藏族文化韵味悠长

嘉绒藏族文化独树一帜，在人文旅游资源的价值上具有不可替代性，古碉、藏寨、民族歌舞是小金县极具冲击力、震撼力和吸引力的旅游资源。

3. 辛卯之役千古传唱

清乾隆三十六年（1771年），阿尔泰、福德、董天弼率清兵进剿，揭开了二次平定大小金川的战争序幕，史称“辛卯之役”。其中董天弼率兵由南路宝兴硗碛翻夹金山直插木巴宗（今达维乡）。现存史迹主要位于木尔寨沟坪上，为当地人民反抗清兵用的碉楼和制火药的石坑，这为森林公园的人文历史留下了一笔浓厚的色彩。

（三）可借景观资源

森林公园紧临四姑娘山风景名胜区的双桥沟景区，东边是卧龙国家级自然保护区；西面是享有“中国景观村落”“古碉·藏寨·美人谷”等美誉的丹巴县；北面是理县，那里有米亚罗红叶风景区、古尔沟“神峰温泉”、桃坪羌寨、毕棚沟等。

五、建设管理现状

2008年，经小金县机构编制委员会审批成立“小金县夹金山国家森林公园管理办公室”，为县林业局直属股级直属单位，设有综合管护站，管护站由管护房、瞭望塔、观测平台、生态停车场等组成。

四川省梦笔山森林公园

一、地理位置

四川省梦笔山森林公园位于阿坝州小金县境内的地理坐标为东经102° 11′ ~102° 45′ 、北纬31° 08′ ~31° 42′ 。

森林公园经营总面积161296公顷，东至小金岩窝，南至向花村，西至木城村，北至梦笔山垭口。具体包括小金林业局下梦笔林场、结斯林场、两河林场、美沃林场经营范围。范围内不含所涉乡镇建设用地、农用地，不含小金县县属国有林和村属集体林。

森林公园交通较为便利，可进入性好，金小路（金川—小金）、省道210、理小路（理县—小金）穿境而过。森林公园距小金县城约60千米，距马尔康市区约30千米，距金川县约40千米，距理县约174千米，距离省会成都约300千米；距规划建设的川藏铁路康定站约190千米，距康定机场约206千米，距红原机场约258千米。

二、历史沿革

2017年，经四川省人民政府同意设立四川省梦笔山森林公园，批复面积为161254公顷；2018年，经四川省人民政府准予调整经营范围，面积调整为161296公顷。

三、景观资源

森林公园内有玛嘉沟、银厂沟、红桥沟、龙头滩、龙脊峰冰川等众多景区，有高山海子、万年雪山、飞流瀑布等景观。春赏山花、夏季避暑、秋季彩林、冬季赏雪，园内四季都是风景。

四姑娘山国家地质公园

一、地理位置

四姑娘山国家地质公园的地理坐标为东经102° 42′ ~102° 58′ ，北纬30° 57′ ~31° 16′ 。其东抵邛崃山山脊和巴朗山山脊，西止于日尔寨沟与木尔寨沟的分水岭，北至小金县与理县的县界，南抵巴朗山山脊。行政区域隶属小金县四姑娘山镇，总面积为490.8平方千米。

按照“严格保护游览区，重点保护景观区，特殊保护重要景点（地质遗迹点），使公园内景观资源得以永续利用”的原则，将园区划分为一级保护区、二级保护区、三级保护区。

一级保护区：对公园内属于需要特殊保护的重要地质遗迹、景观点、原始生态系统、地质环境实行一级保护。该区域为功能分区中的特别景观区及地质环境和生态环境保护区，总面积为394.55平方千米，占公园总面积的80.39%。一级保护点主要有：杨柳桥“N”型褶皱、双桥沟口褶皱群、阴阳谷、冰漂砾、长坪沟口冰川终碛堤、红石阵、大海子、花海子、石草海等。

二级保护区：对公园内属于重点保护的地质遗迹景观和其他重要的自然景观实行二级保护。该区域为功能分区中划定的游览区，包括观光游览区、野营区、攀冰区、登山探险区等，总面积为88.72平方千米，占公园总面积的18.08%。该区域景观的价值和生态敏感性要低于一级保护区。

三级保护区：公园的接待服务、居民生活区及相关环境作为三级保护区，总面积为7.53平方千米，占公园总面积的1.53%。

二、历史沿革

2005年，被批准为国家地质公园。

三、主要保护对象

（一）以四姑娘山为代表的极高山山岳景观

四姑娘山主峰海拔6250米，是四川第二高峰、横断山区第三高峰，有“蜀山皇后”和“东方圣地”之称。公园内海拔5000米以上的雪峰就有52座，如五色山、猎人峰、阿妣山、老鹰岩、日月宝镜山、尖山子、牛心山等。这些山峰都为典型的角峰，其峰形有三棱锥、四棱锥、五棱锥……甚至圆锥状，它们鳞次栉比，苍劲有力，峰峭陡立，直指蓝天。

（二）典型而系统的第四纪冰川遗迹

公园第四纪冰川发育形成的冰蚀地貌，如刃脊、角峰、冰斗、冰窖、海子、U谷、悬谷，以及冰碛地貌，如侧碛堤、终碛堤、漂砾等，系统而完整，是研究四川西部乃至青藏高原隆升，以及第四纪冰川、古气候演化的重要窗口。

（三）以五色山向斜构造为代表地质构造形迹

五色山，海拔5430米。其奇特之处在于巨大的山体是由灰白、灰黄、浅绿、紫红、灰黑五色半圆彩弧岩层组成，排列十分规则，一圈套一圈，由内到外约30层。每当雾霭萦绕时，阳光斜射岩石，隐隐反射出五道淡淡的光晕。这种弧形岩层在地质学上称之为向斜构造，是由距今2.95亿年~2.05亿年的二叠纪—三叠纪时期所形成的不同色彩的薄层砂岩、板岩、石灰岩及火山岩构成，在光的选择性吸收和反射下，形成独特的幻彩现象。此外，公园内还分布有日月宝镜、杨柳桥倒转尖棱向斜褶皱、“N”型褶皱、人参果坪背斜、巴朗山垭口褶皱群、双桥沟口褶皱群、绿尔冲塘断层等，对研究推覆构造和小金弧形构造带的形成具有重要作用。

（四）极高山生态系统

四姑娘山由于经历多次褶皱造山、大规模的花岗质岩浆入侵和第四纪冰川冲雕塑，形成独特的极高山地貌。气候、土壤类型复杂多样，垂直带谱典型完整，形成了园区生态系统的景观多样性、物种多样性和群落多样性。

四姑娘山是全国高海拔山地中亚高山和高山植被保存相对完好的少数

地区之一，尤其是以高山硬叶常绿阔叶林、古柏林、常绿与落叶针叶混交林、杨柳、桦木等为代表的沟谷森林群落最为典型。园内以中国—喜马拉雅植物区系植物为主，植物物种有700多种，其中国家级重点保护植物有四川红杉、岷江柏、四川牡丹、独叶草、星叶草、延龄草等12种。在苹果属中以“小黄金海棠”为其特有种，乔木化沙棘为园内特有的沙棘种属。

园内有兽类7目20科46种，鸟类13目27科74种，爬行类2目3科8种，两栖类2目3科5种，鱼类2目3科7种。有大熊猫、金丝猴、雪豹、云豹、白唇鹿、扭角羚、绿尾虹雉等国家重点保护动物31种，是“雉类和画眉的乐园”。

四、建设管理现状

1996年11月，地质公园范围及公园南部的部分区域被批准为国家级自然保护区。

2014年8月，经州委编办核准，设立了四姑娘山国家地质公园管理局，与风景名胜区管理局合署办公。

四姑娘山风景名胜区

一、地理位置

四姑娘山风景名胜区位于阿坝州小金县四姑娘山镇境内，东与卧龙自然保护区接壤。风景名胜区总面积为450平方千米，地理坐标为东经102° 48′ ~102° 58′ 、北纬30° 57′ ~31° 20′ 。

二、历史沿革

1993年，经四川省人民政府批准设立四姑娘山省级风景名胜区；1994年，经国务院审定公布为第三批国家重点风景名胜区；2006年7月，被联合国教科文组织批准为中国四川大熊猫栖息地世界自然遗产的组成部分。

三、景观资源

风景名胜区以优美宜人的大风景环境为基调，以雪山、冰川、峡谷、海子、民居等为重要景观，以锅庄坪、猫儿鼻梁形成极佳观景区，迷人的四姑娘山主峰和锅庄坪龙脊是景区的精华。

（一）气势磅礴的雪山景观和现代冰川景观

区内山峦叠障，山势奇峻，其中五色山、日月宝镜、尖山子、猎人峰、老鹰岩、牛心山、野人峰、阿妣山等山体，海拔均超过4000米，四姑娘山主峰海拔6250米。4座山峰顺小金县长坪沟自北向南逶迤并列，山体延展约150千米，与谷底相对高差约2700米。山顶终年积雪，云遮雾绕，白雪皑皑，恰似4个身姿纤秀清丽的少女披上白色轻柔的薄纱，亭亭玉立，婀娜多姿。

区内发育有大小现代冰川多座，其气势宏伟，银装素裹，在阳光照耀和蓝天衬托下熠熠闪光。

（二）丰富多彩的植物和动物景观

区内野生植物有1500余种，植被类型复杂多样。因受地势高低悬殊影响，植被呈垂直带谱分布，分阴、阳坡自然植被带。其分布随海拔由低而高依次是半干旱（干旱）河谷灌丛带、针叶阔叶混交林带、针叶林带、草甸、草甸灌丛带、高山流石滩植被带。带相和季相交替甚为壮观。除阴、阳坡植被带状分布外，在双桥沟、长坪沟、海子沟的河谷、河滩等开阔地带，海拔3400~3600米区域，分布着与阴坡亚高山、高山草甸类似的灌丛草地带。这是四姑娘山别具特色的植被分布，以草本植物为主，花色鲜艳，间杂着少量香茅、小角桂花、皂角等灌木丛。此外，成片的沙棘林、杜鹃为景区的另一特色。随着季节变化，树木花草随之发芽、展叶、变红、落叶，呈现出春夏秋冬各具特色、丰富多彩的森林景观。

区内因植被丰茂、品种繁多，加之复杂多样的地理环境和地广人稀的自然环境，给各种野生动物繁衍生息创造了舒适的条件。区内野生动物品种多、数量大，国家重点保护动物就有二三十种。

（三）秀美的河谷风光

双桥沟沟口段河谷，群山绵延、古树参天、云雾缭绕，河谷乱石堆叠，风景秀丽宜人。山谷之中时有飞瀑垂挂，更添生机。

（四）迷人的海子景观

海子沟内有大海子、花海子、犀牛海子和双海子。其中尤以大海子妩媚动人，其湖水清澈，波光潋滟，四周雪峰掩映，密林环绕，风景旖旎。天空、山峦、密林、花草、海子，构成了一幅天然山水画。

（五）具有藏传佛教文化的人文景观

喇嘛寺位于长坪沟内，寺庙为典型的藏式建筑。该寺庙所在地为观四姑娘山峰的理想地之一。

（六）富于情调的民族风情

本区为藏、汉、回、羌等民族混居区，藏族为主体民族，民间文化主要是嘉绒文化。区内有片石砌就的碉楼和石木结构的藏居；有传统的民风民俗，如农历五月初四的四姑娘山朝山会、丰富多彩的锅庄文化、关于山水的神话传说等。

康定市自然保护地概况

四川金汤孔玉省级自然保护区

一、地理位置

四川金汤孔玉省级自然保护区位于康定市东北部的捧塔乡和孔玉乡境内，地理坐标为东经102° 02′ ~102° 14′ 、北纬30° 26′ ~30° 39′ 。保护区西以大渡河为界，北以县界为界，东顺野牛沟东面山脊至黑水牛棚穿过野牛沟、大柏流至青杠湾梁子，南沿山脊至鸡心梁子与大渡河交界，海拔1700~5712米。保护区南北长23千米，东西宽12千米。区域总面积为26908.6公顷，其中核心区面积为10747.2公顷，占保护区总面积的39.94%；缓冲区面积为5491.9公顷，占保护区总面积的20.41%；实验区面积为10669.5公顷，占保护区总面积的39.65%。

二、历史沿革

1995年，保护区成立；1999年，被批准为省级自然保护区。

三、主要保护对象

保护区内以金丝猴、牛羚等珍稀濒危野生动物及其栖息地为主要保护对象。

四、动植物资源

保护区内有植物68科201属381种，其中有5种国家重点保护植物。

保护区内有兽类7目21科82种，爬行类1目4科15种，两栖类2目4科4属8种，鸟类14目47科269种，其中有46种国家重点保护动物。

六、建设管理现状

由康定市自然保护地管理中心代管。

泸定县自然保护地概况

四川贡嘎山国家级自然保护区

一、地理位置

四川贡嘎山国家级自然保护区的地理坐标为东经101° 29′ ~102° 12′ 、北纬29° 01′ ~30° 05′ 。保护区总面积为409143.5公顷，其中核心区面积为225105.0公顷，占保护区总面积的55.02%；缓冲区面积为67702.6公顷，占保护区总面积的16.55%；实验区面积为116335.9公顷，占保护区总面积的28.43%。在行政区划上属于甘孜州的康定市、泸定县、九龙县和雅安市的石棉县。在康定市的面积为151561.1公顷，占保护区总面积的37.05%；在泸定县的面积为107901.0公顷，占保护区总面积的26.37%；在九龙县的面积为110027.4公顷，占保护区总面积的26.89%；在石棉县的面积为39654.0公顷，占保护区总面积的9.69%。

二、历史沿革

1996年，经批准建立保护区，同年被批准为省级自然保护区；1997年，被批准为国家级自然保护区。

三、主要保护对象

1. 以大雪山系贡嘎山为主的山地生态系统，包括区内的森林、草地、湿地、高山流石滩、荒漠等多个生态系统类型。

2. 以白唇鹿、马鹿、林麝、马麝、牛羚、川金丝猴、大熊猫、雪豹、小熊猫、黑颈鹤、绿尾虹雉和康定木兰、四川红杉、连香树、油麦吊云杉等为代表的珍稀野生动植物资源。

3. 以海螺沟低海拔现代冰川为主的各种自然景观资源。

四、动植物资源

贡嘎山地区作为全球25个生物多样性热点地区之一的横断山地区的典

型代表和长江上游的重要生态屏障，生态地位极其重要。其复杂多样的自然地理条件，孕育了丰富多彩的动植物物种，素有“动植物宝库”之称。

贡嘎山地势高低悬殊，自下而上处于亚热带、暖温带、寒温带、亚寒带、寒带、寒冷带、冰雪带7个气候区，特定的地理环境和特殊的气候条件，形成了多层次的立体植物带和特有的自然景观。保护区有植物3795种，其中国家Ⅰ级保护植物有红豆杉、独叶草、高寒水韭、玉龙蕨等6种，国家Ⅱ级保护植物有水青树、连香树、岷江柏木、扇蕨、金荞麦等11种及特有植物垂茎异黄精等。保护区有动物587种，其中国家Ⅰ级重点保护野生动物16种，包括大熊猫、川金丝猴、白唇鹿、黑颈鹤、雪豹、豹、牛羚、绿尾虹雉等，国家Ⅱ级重点保护野生动物62种，中国特有野生动物101种。

五、建设管理现状

保护区设4个管理处，石棉管理处下辖2个保护站，管护保护区面积39654.0公顷；康定管理处下辖5个保护站，管护保护区面积151561.1公顷；泸定管理处下辖4个保护站，管护保护区面积107901.0公顷；九龙管理处下辖3个保护站，管护保护区面积110027.4公顷。

四川海螺沟国家森林公园

一、地理位置

四川海螺沟国家森林公园位于贡嘎山主峰的东坡，地理坐标为东经101° 52′ ~102° 07′ 、北纬29° 31′ ~29° 37′ 。森林公园东西长约29千米，南北宽约17千米，总面积为18598公顷。

二、历史沿革

1987年，海螺沟冰川森林温泉公园开营；1993年，国家林业部批准建立四川海螺沟国家冰川森林公园。1994年，四川省人民政府批复同意建立四川省甘孜州泸定海螺沟旅游度假区，被列为省级度假区，海螺沟旅游开发管理由管委会负责，实行州、县共管。2003年，成立海螺沟景区管理局；同年9月，磨西镇、新兴乡划归海螺沟景区旅游管理局管理。

三、主要保护对象

1. 以大雪山系贡嘎山为主的山地生态系统，包括区内的森林、草地、湿地、高山流石滩、荒漠等多个生态系统类型。

2. 以牛羚、雪豹、小熊猫、黑颈鹤、绿尾虹雉和康定木兰、四川红杉、连香树、油麦吊云杉等为代表的珍稀野生动植物资源。

3. 以海螺沟低海拔现代冰川为主的各种自然景观资源。

四、动植物资源

森林公园拥有康定木兰、睫毛蕨、大百合、水母雪莲花等众多特有植物资源，有珙桐、红豆杉、垂茎异黄精、水青树、连香树、独叶草、杜仲、长苞冷杉、麦吊杉、领春木、白辛树等珍稀植物。

森林公园有野生哺乳动物31科69种，鸟类43科167种，爬行类5科10种，两栖类3科4种，其中包含牛羚、金丝猴、白唇鹿、绿尾虹雉、黑颈鹤等国家重点保护动物。

五、建设管理现状

由海螺沟景区管理局增挂“甘孜藏族自治州海螺沟国家森林公园管理局”牌子，负责森林公园的规划、建设和开发工作。

六、其他事项

四川海螺沟国家冰川森林公园与贡嘎山风景名胜区、四川贡嘎山国家级自然保护区、四川海螺沟国家地质公园等自然保护地在地域上完全重叠。

2017年委托四川农业大学编制《四川海螺沟国家冰川森林公园总体规划》。

四川二郎山国家森林公园

一、地理位置

四川二郎山国家森林公园地理坐标为东经102° 13′ ~102° 17′ 、北纬29° 48′ ~29° 55′ ，由地域不相连的二郎山西坡片区和羊圈沟片区两大块组成，总面积为2578.98公顷。公园东与天全县接壤，南临县境内的冷碛镇、杵坭乡，西与县境内的田坝乡相邻，北与县境内的泸桥镇毗邻。森林公园处在成都—雅安—海螺沟—康定旅游线上，距海螺沟国家级风景名胜区约70千米，距泸定县城约30千米，距雅安市约100千米，距成都市约240千米，距康定跑马山约48千米。

二、历史沿革

1994年，被批准为省级森林公园，审批面积为2492.3公顷，所属区域为泸定县二郎山国有林场管理范围内；2019年，面积调整为2578.98公顷。

三、动植物资源

森林公园森林覆盖率为87.12%，植被为亚热带常绿阔叶林，有木本植物30余科300多种。植物主要有华山松、云南松、高山松、高山柏、落叶松、云杉、冷杉、桦木、滇杨、山杨、漆树、枫树、油樟、女贞、桤木、紫果云杉、杜鹃等。动物主要有小熊猫、黑熊、猕猴、野猪、荒漠猫、林麝、苍鹰、藏马鸡、二尾荒褐凤蝶等。

四川海螺沟国家地质公园

一、地理位置

四川海螺沟国家地质公园位于甘孜州泸定县西南部，地理坐标为东经101° 52′ ~102° 09′ 、北纬29° 29′ ~29° 38′ ，距成都市区296千米，距州府康定市区76千米，距泸定县城50千米。南与石棉县接壤，西与康定市接壤，东以磨西河—摩岗岭—金光—天池—蚂蟥坪—红花岗—大沟为界，北以5956米无名山峰—青石板垭口—达干烟—黄崩淄—磨子沟口—大牛坪—花石包为界。公园东西长约29.5千米，南北宽约15千米，总面积约319.9平方千米。

二、历史沿革

2001年，经国土资源部批准为第二批国家地质公园。

三、景观资源

四川海螺沟国家地质公园是一个集海洋性冰川与第四纪地质、雪域温泉、原始森林为一体，具有极高的科学价值，融科学研究、科普教育、观光游览、休闲度假于一体的冰川温泉大型国家地质公园。

贡嘎山主峰外围分布着大量古冰川遗迹，分属于更新世的四次冰期与全新世新冰期的山岳冰川类型。

高质温泉：大流量热矿泉是贡嘎山海螺沟的一大特色。冰川与热泉共存，寒冷与温暖相容这一罕见奇观，为世界瞩目。海螺沟内有三大温泉，处在阔叶混交林带内的热水沟温泉，沿热水沟断裂通过处的晚贡嘎期冰碛层出露（海拔2580米），属优质医疗热矿泉；窑坪温泉（海拔1900米）和沙树坪温泉（海拔1530米），均属医疗矿泉水。

生物景观：环贡嘎山地区是我国西部重要的植物区系交汇区、濒危动物栖息地和生物基因宝库。环贡嘎山地区植物种类繁多，有植物4480余种，是四川红杉、康定木兰等濒危植物的集中分布地。环贡嘎山地区也是野生动物的乐园，是牛羚、马鹿等濒危动物的主要栖息地。

人文资源：具有以《康定情歌》为代表的康巴文化和泸定桥、磨西会议遗址等为代表的红色文化。

四、建设管理现状

海螺沟景区管理局增挂“贡嘎山风景名胜区管理局”牌子，实行“一个机构、两块牌子”的管理体制。

贡嘎山国家级风景名胜区

一、地理位置

贡嘎山国家级风景名胜区涉及泸定、九龙、康定3个县市，总面积为9400.23平方千米，包含贡嘎山和泸定桥两个片区。其地理坐标为101° 03′ ~102° 12′ 、北纬28° 57′ ~30° 24′ 。

二、历史沿革

1986年，经四川省人民政府批准设立贡嘎山省级风景名胜区；1988年，经国务院审定公布为第二批国家重点风景名胜区。

三、景观资源

风景名胜区以贡嘎山为核心，以巍峨雄壮的极高山地貌、气势磅礴的现代冰川、举世罕见的滩池红石、灵动秀美的高山湖泊、辽阔秀丽的草甸花海为主景，以完整的气候和植被垂直带谱、革命遗迹、雪域温泉、石林石景、珍稀动植物、人文风情等为补充。

（一）雄伟壮丽的“蜀山之王”

贡嘎山雄伟壮观，主峰海拔7556米，被称作“蜀山之王”。雄、奇、险、峻的山脉奇峰突兀，巍峨雄壮、气势磅礴，雪峰群结构完整，四季观赏均有不同景色，美学价值高，是世界极具震撼力的极高山，也是全世界高差最大的地方之一。贡嘎山东麓磨西河汇入大渡河处海拔1000余米，与直线距离仅29千米的主峰达到6466米的高差，从低山、中山，到高山、极高山，在东坡和南坡景域中得到充分的展示，是山岳风景的经典展示地。

（二）蔚为壮观的冰川世界

贡嘎山地区是中国大陆规模最大、位置最东的古冰川遗迹和现代冰川中心之一，有冰川76条，冰川面积达255.1平方千米，是横断山系与青藏高原东部最大的冰川群。其中以山谷冰川为主，包括冰斗冰川、悬冰川等山岳冰川类型。该地区92%的冰川集中于主峰周围，沿大雪山脉分水岭构成南北长50千米、东西宽20千米的羽状冰川群。

其中海螺沟冰川属典型的海洋性低海拔冰川。冰川长14.7千米，面积为25.71平方千米，海拔最高6750米、最低2850米，是我国最低的山岳冰川。

（三）神奇秀美的高山湖泊

木格措、伍须海、莲花海、巴王海等众多高山湖泊，点缀于雪山草甸之间，别有一番风景。

（四）奇特少见的完整垂直自然带谱

贡嘎山地区巨大的高差构成了以亚热带为基带的完整垂直自然带谱，

以气候与植被的垂直分异最为明显和直观。气候存在亚热带、暖温带、寒温带、亚寒带、寒带和极地带气候的变化，形成了多层次的立体植物带和特有的自然景观生态多样性。

（五）多元文化的聚集地

1. 贡嘎山风景名胜区是藏、汉、彝等多民族杂居地，各民族在此相互交融，其康巴文化更是独具特色，具有典型康巴文化特色的《康定情歌》在国内外都有一定的影响力。

2. 贡嘎山地区有大量木雅藏族人口，他们的语言、服饰、民居和节庆等文化独具特色，其与康区其他藏族不同的、独特的民风民俗和生活方式具有无穷的魅力。被称为“神秘的雅砻江语言孤岛”的木雅文化吸引着众多游客和民族学者前来旅游观光和学术考察。

3. 藏传佛教宗教文化博大精深，神秘而又深邃。

四、建设管理现状

2019年，景区管理局对内设处室（局）进行了优化调整，设党政综合办公室、组织人事科、宣教文化科、统战群团科、政法科、发展改革与招商局、社会事业科、财政局、生态环境与林业草原科、建设管理局、农业农村科、应急管理科、旅游营销科、旅游质量与标准化建设科、景区事务管理科、机关事务管理科共16个科室。

石棉县自然保护地概况

四川栗子坪国家级自然保护区

一、地理位置

四川栗子坪国家级自然保护区位于四川盆地西南缘的小相岭山系、大渡河中游、贡嘎山东南面石棉县境内，地理坐标为东经102° 10′ ~102° 29′ 、北纬28° 51′ ~29° 08′ 。保护区南北长23千米，东西宽17.8千米。其总面积为47940.0公顷，其中核心区面积为24474.0公顷，占保护区总面积的51.05%；缓冲区面积为5049.0公顷，占保护区总面积的10.53%；实验区面积为18417.0公顷，占保护区总面积的38.42%。

保护区地处川南山地向川西高原过渡的高山峡谷地带，地貌以中高山为主，兼有低山和河谷阶地。地势由西南向东北倾斜，地形切割破碎，起伏跌宕，垂直高差大，最高海拔4551米、最低海拔1330米，最大相对高差达3221米，平均相对高差大于2000米。周围分布有栗子坪乡、回隆镇和安顺镇3个乡镇。

二、历史沿革

2001年被批准为市级保护区，2003年升为省级保护区；2013年，被列入国家级自然保护区；2018年12月，栗子坪保护区被划入大熊猫国家公园，划入管护面积47340公顷，占保护区总面积的99.15%。

三、动植物资源

保护区内气候立体特征明显，植被具有典型亚热带特点，垂直带谱保存完整，是小相岭地区现今保存最为完整的一块亚热带森林生态系统，共有5个植被型组、9个植被型、15个群系组、19个群系，是小相岭山系最重要的物种资源库。区内有国家重点保护野生植物10种（Ⅰ级2种，Ⅱ级8种），有国家Ⅰ级重点保护野生动物14种、Ⅱ级重点保护野生动物40种，生态保护和科学研究价值极高。

2009年4月，自野外救护大熊猫“泸欣”在保护区公益海保护站麻麻地成功放归后，截至2017年底，又放归了人工繁育大熊猫“淘淘”“张想”“雪雪”“华姣”“华妍”“张梦”“八喜”“映雪”共8只大熊猫。石棉县在2014年11月被中国野生动物保护协会授予“中国大熊猫放归之乡”称号。

五、建设管理现状

保护区管理局下设综合办公室、保护管理股、科研宣教股3个职能股室，设立公益海、孟获城、紫马河、大洪山、麂子坪5个保护站。

田湾河省级风景名胜区

一、地理位置

田湾河省级风景名胜区北接甘孜州泸定县，西接甘孜州康定市，南接甘孜州九龙县。风景名胜区。地理坐标为东经101° 55′ ~102° 07′ 、北纬29° 16′ ~29° 30′ ，总面积为259.08平方千米。

二、历史沿革

1995年，被批准为第四批省级风景名胜区。

三、景观资源

田湾河省级风景名胜区属山岳型，是贡嘎山南坡的门户，以雪山、峡谷、瀑布和奇峰异石为主景，兼有温泉资源。

（一）雄伟壮丽的高山山岳

作为贡嘎山南坡的门户，区内较高位置向北可远观贡嘎山主峰及其周边雪峰和冰川，向南可远观瓦灰山主峰及其周边雪峰和冰川，雄、奇、险、峻的主峰巍峨雄壮、气势磅礴，雪峰群结构完整，四季均有不同景色。

（二）秀美灵动的中山峡谷

区内群山连绵，沟谷纵横。河谷两侧，茂密森林所覆盖的绵绵群山，峰峦耸列，云雾缭绕；河谷乱石堆叠，河床崎岖万变。在陈家沟、油房沟、喇嘛沟、龚家沟等支流与田湾河交汇处，常见一道道屏风般绿色峰峦横亘谷中，远看“山穷水尽疑无路”，峰回路转，却又豁然开朗。山谷的大曲大折，使景致极富变幻。各支流的进沟段两边均怪石嶙峋，危岩耸峙，峡谷幽深，峰天相接，景致无穷。其中，喇嘛沟口的“一线天”岩壁如削，两峰相隔仅三五米，抬头仰望，弧状蓝天一线，景象十分壮观。主要景点也大都集中在峡谷区内，漫游谷中，步移景换，美不胜收，加之山清气爽，凉气沁人，更显得空灵深邃。

（三）绚丽多姿的瀑布跌水

巨大的垂直高差形成了数十处观赏价值较高的天然瀑布，主要有斧门瀑布、飞水岩瀑布、佛灵山瀑布、天门瀑布和摆楼沟瀑布群等。这些瀑布因水量、落差以及地形的不同，有的秀丽飘逸，有的雄伟壮阔，有的多级梯跌，有的一挂飞瀑，有的万马奔腾。众多瀑布共同组成了一幅有形有声有色、可观可听可赏的动态图。

（四）神采纷呈的奇峰异石

以令牌山为代表的一些巨石和崖壁，因自然侵蚀或外力作用形成了酷似龙蛇禽兽及人形的轮廓或图案。这些奇峰与异石千姿百态、妙趣横生，大自然的鬼斧神工令人叹为观止。

（五）养生休闲的温泉冷泉

风景名胜区内有多处温泉和冷泉资源，这些泉水常年水量丰富，且富含多种矿物质，开发价值较高。主要有大热水、小热水以及药水泉等。

大热水温泉位于草科乡政府上游约2千米的田湾河边，海拔1450米，为上升泉，泉水自岩下涌出，为重碳酸钙型热泉。泉水具有轻微的硫化氢味，含有硫、氯、钠、钙、镁等十几种元素，沐浴能除湿解乏，有助于治疗多种皮肤病。

小热水温泉位于大热水上游的坡地上，海拔1550米，为下降泉，属于重碳酸钙型暖泉。水量较大热水小，水质元素含量与大热水温泉相似。

药水泉温泉位于和坪村宋家坪田湾河边，为冷水泉。泉水中的偏硅酸、矿化度以及锂等均达到较高的标准，为罕见的医药饮用矿泉水。

（六）多姿多彩的民俗风情

风景名胜区位于石棉县与康定市交界处，藏、彝、汉各族人民长期在这里共同生活，围绕奇山秀水流传着众多神话和传说，留下了不少人文历史遗迹，如佛灵寺遗址和喇嘛沟岩壁上充满神秘色彩的藏文摩崖石刻。

四、主要保护对象

1. 区内分布有以金雕、红隼、凤头鹰、松雀鹰、红腹角雉等为代表的珍稀鸟类。

2. 区内是大熊猫生境和廊道。

甘洛县自然保护地概况

四川马鞍山省级自然保护区

一、地理位置

四川马鞍山省级自然保护区的地理坐标为102° 27′ ~102° 58′ 、北纬29° 00′ ~29° 11′ ，东以马鞍山山脊（县界）为界与峨边县为邻，南以拉洛脚坝为界（县界）与美姑县、越西县相邻，西以叔何来及山脊为界，北至特克林区。保护区涉及新市坝镇、吉米镇、普昌镇、斯觉镇四个镇。保护区总面积为27981公顷，其中核心区面积为11878公顷，占保护区总面积的42.45%；缓冲区面积为3738公顷，占保护区总面积的13.36%；实验区面积为12365公顷，占保护区总面积的44.19%。

二、历史沿革

2001年，被批准建立马鞍山县级自然保护区；2001年，被批准为州级自然保护区；2003年，被批准为省级自然保护区。

三、主要保护对象

保护区主要保护对象为大熊猫、四川山鹧鸪等珍稀野生动物和森林生态系统。

四川省纳龙河森林公园

一、地理位置

四川省纳龙河森林公园位于阿嘎乡境内、大渡河中游支流尼日河上游，是雅安、乐山、凉山三市（州）和美姑、越西、甘洛三县交界的地方。其地理坐标为东经102° 50′ ~102° 58′ 、北纬28° 38′ ~28° 43′ ，规划面积5228公顷（不包含阿嘎乡皮觉村、格古村的集体土地473.18公顷，其中，皮觉村464.75公顷，格古村8.43公顷）。森林公园为四川藏彝走廊东端，与南丝绸之路相邻。

二、历史沿革

20世纪六七十年代中期，凉北林业局为支援成昆铁路建设，根据中央和四川省的安排，在越西、美姑、甘洛三县交界的茫茫原始林区中进行了大面积的采伐，为成昆线建设提供了近50%的枕木。之后，伐区进行了迹地更新，培育了优良人工林。1998年，国家天然林资源保护工程启动，凉北林业局开始实现生产转型，由伐木转向营林与保护，森林工人转而成了护林人。2015年，四川省人民政府同意设立四川省纳龙河森林公园。

三、景观资源

纳龙河森林公园全为山地，岭高谷深，属中亚热带气候。林间曲溪萦回，悬泉飞舞，天象景观变化万千，清新洁净的空气为各色植被提供了绝佳的生长环境。

金口河区自然保护地概况

四川八月林县级自然保护区

一、地理位置

四川八月林县级自然保护区位于乐山市金口河区共安乡境内，涉及共安乡及金口河区国有林场天然林区。保护区北接共安乡新建、象鼻、林丰、文店等村，东南连峨边县黑竹沟自然保护区，西与甘洛县接壤，西南与四川马鞍山国家级自然保护区相望，是凉山山系自然保护区网络的重要构成部分。其地理坐标为东经102° 55′ ~103° 04′ 、北纬29° 04′ ~29° 13′ 。保护区内最高点位于金口河区与甘洛县、峨边彝族自治县交界的老鹰嘴，海拔3321米；最低点位于共安乡龙胆溪，海拔1200米。保护区总面积为10234.5公顷，其中核心区面积为4763.43公顷，占保护区总面积的46.5%，主要为大熊猫、牛羚等珍稀濒危动物的主要栖息地和保护区内生态环境最为良好的区域；缓冲区位于核心区的外围，面积为2005.15公顷，占保护区总面积的19.6%；实验区面积为3465.92公顷，占保护区总面积的33.9%。

二、历史沿革

2006年，经乐山市金口河区人民政府批准建立四川八月林县级自然保护区。

三、主要保护对象

保护区主要保护对象为大熊猫等珍稀野生动物和森林生态系统。

四川大瓦山国家湿地公园

一、地理位置

四川大瓦山国家湿地公园地处乐山市金口河区永胜乡西北部，东北与金口河区国营林场接壤，西与雅安市汉源县相邻，南靠金口河区永胜乡。其地理坐标为东经102° 58′ ~103° 02′ 、北纬29° 21′ ~29° 25′ 。公园总面积为2812.2公顷，湿地总面积为192.8公顷，其中湖泊湿地136.1公顷，占湿地总面积的70.59%；沼泽湿地56.7公顷，占湿地总面积的29.41%。

功能分区包括湿地保育区、恢复重建区、宣教展示区、合理利用休闲区和管理服务区等。湿地保育区面积为1678.5公顷，占公园总面积的59.69%；恢复重建区面积为61.6公顷，占公园总面积的2.19%；科普宣教区面积为25.9公顷，占公园总面积的0.92%；合理利用休闲区面积为998.2公顷，占公园总面积的35.50%；管理服务区占地面积约48.0公顷，占公园总面积的1.71%。

二、历史沿革

2009年7月，被批准为省级湿地公园；2011年4月，被列入国家湿地公园（试点）；2016年8月，通过验收，正式成为国家湿地公园。

三、景观资源

湿地公园有三大天然湖泊和两大泥炭沼泽，即大天池、小天池、鱼池3个高山湖泊和高粱池、干池两个泥炭沼泽，合称五大天池，是典型的高山湿地生态系统。从地形地貌上讲，公园内包含有山峰、谷地、盆地、丘坡、平坝等地形地貌；从植被类型上讲，公园内分布有云杉林、冷杉林、柳杉林、竹林、杜鹃林、高山灌木林；湿地类型有高山湖泊、泥炭沼泽和沼泽化草甸。

四、动植物和湿地资源

湿地公园具有典型的中山、亚高山区暖温带和中亚热带植物群落特点，植物种类丰富。植被区划上具有暖温带针叶林带的特色，分布有少数自然和人工针叶林，其他多为次生灌木林。野生植物2000多种，植物种类约占金口河区植物总种类的66.7%，主要有山地常绿落叶阔叶混交林、亚高山针阔叶混交林、亚高山常绿针叶林。所在区域脊椎动物有32目69科166种，国家重点保护动物有小熊猫、猕猴、黑熊、鹰、红腹角雉、白鹇等。

四川大渡河峡谷国家地质公园

一、地理位置

四川大渡河峡谷国家地质公园跨三个市（州），位于四川省乐山市金口河区、雅安市汉源县、凉山州甘洛县接壤部位，地理坐标为北纬29° 15′ ~29° 22′ 、东经102° 54′ ~103° 02′ 。公园总面积为85.16平方千米，其中金口河园区面积为48.40平方千米，占公园总面积的56.83%；汉源园区面积为18.52平方千米，占公园总面积的21.75%；甘洛园区面积为18.24平方千米，占公园总面积的21.42%。

二、历史沿革

2001年8月，经四川省国土资源厅批准建立省级地质公园；2001年12月，经国土资源部批准为国家级地质公园；2004年6月，调整公园面积为93.57平方千米；2008年，四川大渡河峡谷国家地质公园启动建设工作；2010年6月，四川大渡河峡谷国家地质公园正式揭碑开园；2021年，公园总面积调整为85.16平方千米。

三、地质遗迹及景观资源

（一）生物景观

地质公园有植物153科648属1751种，其中蕨类植物23科43属97种，裸子植物4科11属20种，被子植物126科594属1634种。有国家重点保护植物红豆杉、银杏、珙桐、油麦吊云杉、连香树、水青树、西康玉兰、香果树等。

地质公园有鱼类4科11属16种，两栖类6科10种，爬行类3科5种，鸟类47科223种，哺乳类23科54种。有国家重点保护兽类12种，占分布兽类的22.22%，分别是大熊猫、豹、林麝、猕猴、藏酋猴、小熊猫、金猫、黑熊、豺、鬣羚、斑羚、黄喉貂等。有国家重点保护鸟类20种，分别是四川山鹧鸪、金雕、猎隼、绿尾虹雉、苍鹰、雀鹰、白尾鹞、白腹鹞、红隼、游隼、燕隼、普通鵟、黑鸢、长耳鸮、灰林鸮、斑头鸺鹠、领鸺鹠、血雉、红腹角雉、白腹锦鸡。

（二）人文景观

地质公园内人文景观有成昆铁路、公园天下第一柱、深溪沟水电工程、灵官楼，以及彝族民俗风情景观、民间音乐、民间工艺、特色餐饮类等。

（三）地质遗迹

1. 金口河园区。有大瓦山柱状玄武岩、瓦山坪冰川地貌、大坪乱石公园、帽壳山、四方洞、东河瀑布、西河瀑布、墨水池、莲花岩、观音岩、长寿水、仙姑洞等景观；配套景点有养善坪、坐佛、官村坝、铁路桥等。

2. 汉源园区。有长河坝大峡谷、老昌沟峡谷、深溪沟峡谷、深溪沟瀑布、古城墙、卧佛像、葡萄状白云岩、大后山、三剑客、飞泉瀑布等景观；配套景点有一线天桥、水库坝等。

3. 甘洛园区。有大渡河峡谷、古金滩一线天、宝镜岩、天生佛、江心岛、镇江神、悬棺、猛狮、情人石、浮雕人像、溶蚀孔洞、弥勒佛像、风动石等景观；配套景点有溜索、彝族村寨等。

四、主要保护对象

1. 以山地生态系统为主，包括森林、草地、湿地、高山流石滩等多个生态系统类型。

2. 以大熊猫、豹、林麝、四川山鹧鸪、金雕、猎隼、绿尾虹雉和红豆杉、银杏、珙桐、油麦吊云杉、连香树、水青树等为代表的野生动植物。

3. 大瓦山柱状玄武岩、瓦山坪冰川地貌、大坪乱石公园、帽壳山等各种自然景观资源。

五、建设管理现状

2021年6月，由乐山市金口河区人民政府、雅安市汉源县人民政府、凉山州甘洛县人民政府共同成立了四川大渡河峡谷国家地质公园联合管理委员会领导小组。

峨边县自然保护地概况

四川黑竹沟国家级自然保护区

一、地理位置

四川黑竹沟国家级自然保护区的地理坐标为102° 54′ ~103° 04′ 、北纬28° 39′ ~29° 08′ 。保护区总面积为29643.0公顷，其中核心区面积为16745.9公顷，占保护区总面积的56.49%；缓冲区面积为3336.7公顷，占保护区总面积的11.26%；实验区面积为9560.4公顷，占保护区总面积的32.25%。保护区西与甘洛马鞍山自然保护区相连，东南面与美姑大风顶国家级自然保护区毗邻，东面和马边大风顶国家级自然保护区交界，北面与金口河八月林自然保护区相接，共同构成了凉山山系生物多样性网络。

二、历史沿革

1997年，经峨边彝族自治县人民政府批准为县级自然保护区，同年升为省级自然保护区；2012年，被批准为国家级自然保护区。

三、主要保护对象

保护区是保护大熊猫、珙桐等珍稀濒危野生动植物及森林生态系统的自然保护区，其主要保护对象具体为：

1. 以凉山山系特克马鞍山为主的山地生态系统，包括区内的森林、草地、湿地、高山流石滩、荒漠等多个生态系统类型。

2. 以大熊猫、豹、林麝、牛羚、猕猴、藏酋猴、穿山甲、豺、黑熊、小熊猫、青鼬、水獭、大灵猫、小灵猫、斑林狸、金猫、水鹿、斑羚、鬣羚、岩羊和红豆杉、南方红豆杉、珙桐、金毛狗脊、油麦吊云杉、连香树、香樟等为代表的珍稀野生动植物资源。

3. 以原始森林景观为主的各种自然景观资源。

四、动植物资源

保护区内有脊椎动物391种，其中兽类8目27科77种，鸟类15目49科137属268种，爬行类1目4科10属15种，两栖类2目7科9属17种，鱼类3目4科12属14种。

保护区内植物有156科659属1684种，其中蕨类植物31科59属134种，裸子植物7科15属39种，被子植物118科585属1511种。

五、建设管理现状

管理机构为四川黑竹沟国家级自然保护区管理局，管理局内设办公室、资源保护股、科研宣教股、社区发展经营股、财务室。设勒有乌保护站、双河口保护站、觉莫管护点。

四川黑竹沟国家森林公园

一、地理位置

四川黑竹沟国家森林公园包括四川省川南林业局611林场、616林场全部和614林场部分。其北与黑竹沟镇和金口河区接壤，南与四川省川南林业局615、612林场毗邻，东临峨边县大堡镇（原万坪乡），西靠凉山州甘洛县，地理坐标为东经102° 54′ ~103° 10′ 、北纬28° 51′ ~29° 05′ 。功能分区包括生态保育区、核心景观区、一般游憩区、管理服务区。总面积为28154.2公顷，其中生态保育区面积为6743.16公顷，占公园总面积的23.95%；核心景观区面积为10680.47公顷，占公园总面积的37.94%；一般游憩区面积为10714.37公顷，占公园总面积的38.06%；管理服务区占地面积约16.2公顷，占公园总面积的0.06%。

二、历史沿革

2000年，经国家林业局批准建立黑竹沟国家森林公园。

三、景观资源

地文景观以崖壁景观、喀斯特地貌景观、玄武岩地貌景观和典型的古冰川地貌景观最具特色；水文景观有以天眼、船湖、杜鹃池为代表的10

余处高山海子和石门关瀑布、牛批依洛瀑布等瀑布，还有杜鹃含玉等冰蚀湖。公园内有4000米以上高峰8座。日出、日落、云海、佛光等在公园同样可见，还有阴阳界奇观、金字塔霞光等天象奇观。公园周边是小凉山彝族聚集地，是汉彝文化融汇地。

四、动植物资源

（一）植物资源

公园内从低山到高山，植物垂直分布带谱明显。植物特有种属丰富，区系成分复杂古老。有种子植物3000种以上。有珙桐、光叶珙桐、木瓜红、领春木、银叶桂及多种高山杜鹃、红叶植物等国家重点保护植物。

1. 浩瀚古朴的原始森林

公园内森林覆盖率达84.2%，原始森林占林分面积的81%，其原始古朴之美非一般森林景观可比。

2. “鸽子树”珙桐

珙桐属于国家一级保护珍稀植物，为世界著名的活化石植物，具有极大的科研和观赏价值，是公园独具特色的旅游景观。珙桐在公园海拔1800~2200米山谷成片分布，有数万亩。

3. 杜鹃花的王国

公园内有40多种（其中2个是新种）乔木和灌木杜鹃。在海拔3800米以下，杜鹃花多生长在冷杉林下，成为优势亚层；在海拔3800~4000米左右，杜鹃花成纯林集中分布，构成十分壮观的杜鹃花海。比较典型的品种是峨黑杜鹃、黑竹沟杜鹃，为黑竹沟独有品种。

（二）动物资源

丰富的植物和复杂的地理环境，为野生动物提供了繁衍栖息的生态环境。据估计，公园内有陆生脊椎动物350种以上，国家重点保护动物有大熊猫、四川山鹧鸪、羚牛、豹、云豹、斑尾榛鸡等。

黑竹沟风景名胜区

一、地理位置

黑竹沟风景名胜区总面积为575平方千米，地理坐标为东经102° 54′ ~103° 10′ 、北纬28° 51′ ~29° 05′ 。

二、历史沿革

1996年，由四川省人民政府批准为第五批省级风景名胜区。

三、景观资源

风景区以彝族文化为内涵，以原始森林、神奇地磁、天景天象、高山草甸和杜鹃花海等为突出景观特征，具有生态保护、观光度假、运动休闲、文化体验、环境教育和科考科研等功能。风景区以其神秘、原始而独特的自然风光和历史悠久的彝族文化形成了特色突出的自然景观与人文景观。可以分类概括为：珍稀的原始森林，壮阔的杜鹃花海，苍莽的高山草甸，壮观的峰林石丛，生动的泉溪潭瀑，雄伟的脊峰峡谷，奇幻的天景天象，浓厚的彝族文化。

峨眉山市自然保护地概况

峨眉山—乐山大佛风景名胜区

一、地理位置

峨眉山—乐山大佛风景名胜区由峨眉山、乐山大佛两部分组成。该名胜区总面积为171.88平方千米，其中峨眉山片区面积约15342公顷，地理坐标为东经103° 15′ ~103° 27′ 、北纬29° 28′ ~29° 36′ ；乐山大佛片区面积约1846公顷，地理坐标为东经103° 43′ ~103° 47′ 、北纬29° 31′ ~29° 35′ 。

二、历史沿革

1982年，经国务院公布为第一批国家重点风景名胜区；1996年，列入世界文化与自然遗产名录。

三、景观资源

（一）峨眉山片区

峨眉山素有“峨眉天下秀”之美誉，以具有代表性的佛教胜迹与佛教文化、典型的生物多样性、独特的地质地貌景观为突出景观。

1. 具有代表性的佛教胜迹与佛教文化

峨眉山与山西五台山、浙江普陀山、安徽九华山并称为中国佛教四大名山。山上寺庙建筑与自然山水组成了风景序列，构成佛教名山特有的人文景观。峨眉山目前保存完好的寺院有万年寺、报国寺、伏虎寺、善觉寺、光相寺等24座，或掩映于苍翠之中，或飞架于溪壑之上，或屹立于高峰之巅，或巧构于危岩之畔，与峨眉山自然风光构成一体，形成独特的“雄、秀、神、奇”的特色景观。

2. 典型的生物多样性

峨眉山处于多种自然要素的交汇地区，这里区系成分复杂，生物种类丰富，特有物种繁多，保存有完整的亚热带植被体系，森林覆盖率达87%。峨眉山有高等植物242科3200多种，约占中国植物总数的十分之一。此外，峨眉山还是多种稀有动物的栖居地，已知动物2300种。这里是研究世界生物区系等具有特殊意义问题的重要地点。

3. 独特的地质地貌景观

峨眉山东部为丘陵起伏、田畴如锦的峨眉平原，西部上升为巍峨雄峙、逶迤如黛的峨眉断块山。从山麓至绝顶，层峦叠翠、水复山重、烟云缭绕、景层分明。峨眉山低景层海拔500~1000米，山势如锦屏，林薄荫深，苍翠清雅；中景层海拔700~2000米，黑、白二水穿插其间，构成无数流泉飞瀑，岩壑错落，群峰缀翠，如青莲朵朵，如玉芍丛丛，雄秀多姿；高景层海拔2000~3099米，山势巍峨，金顶、千佛顶、万佛顶三峰耸翠，高居云端，气势磅礴。登临顶峰，极目远眺，终年积雪的瓦屋山、贡嘎山如银铸玉琢；俯视岷江、青衣江、大渡河一泻千里，宛如白链飞舞；峨秀、凤凰二湖碧波万顷；远山近水，丹青难描。峨眉山的“日出”“云海”“佛光”和“圣灯”四大奇观引人入胜，故有“天下名山”和“峨眉天下秀”的美誉。

（二）乐山大佛片区

这里是以“天下第一大佛”著称的弥勒道场，以佛教文化、崖墓文化及儒文化为内容。雄伟壮观的大佛和灵宝塔，布局精美的凌云寺和乌尤寺，历史悠久的麻浩崖墓，品味高雅的东坡楼和沫若堂，均掩映在翠竹修林之中，与岷江、青衣江、大渡河三江急流形成互补。离堆、凌云山、重城山和三江汇流构成世界奇观——巨型睡佛，其景观特征为“大佛天下壮”。

四、主要保护对象

1. 保护峨眉山丰富典型的生物多样性，保护冷杉针叶林和原始的生态环境。

2. 保护以乐山大佛、灵宝塔、麻浩崖墓和乌尤寺等为代表的文化遗产。

峨眉山—乐山大佛世界文化和自然遗产

一、地理位置

遗产区总面积为156.5平方千米，包括峨眉山片区和乐山大佛片区。其中峨眉山片区面积154平方千米，地理坐标为东经103° 15′ ~103° 27′ 、北纬29° 28′ ~29° 36′ ；乐山大佛片区面积2.5平方千米，位于峨眉山以东及岷江、大渡河、青衣江三江汇流处，地理坐标为东经103° 45′ ~103° 46′ 、北纬29° 32′ ~29° 33′ 。

二、历史沿革

1996年12月，由第20届世界遗产大会审议通过，列入世界文化与自然遗产名录。

三、突出普遍价值

峨眉山地质地貌独特，生物土壤气候垂直带明显，形成稠密的常绿阔叶林—常绿与落叶混交林—针阔叶混交林—亚高山针叶林这样完整的森林垂直带谱。因处于多种自然要素交汇区，山上植物种类丰富，区系成分复杂。金顶绝壁凌空，直插云霄；登攀可经历亚热带至寒带的不同气候，观赏多样性的植物；至顶可观览“云海”“日出”“佛光”“圣灯”四大奇观。全山雄伟的山体景观、秀丽的植物景观和神奇的气候景观融为一体，构成“雄、奇、神、秀”的特色，素有“植物王国”“地质博物馆”之称和“峨眉天下秀”的美誉。

峨眉之“秀”吸引清修的佛教寺庙汇聚。佛教沿南方丝绸之路传入中国后，公元1世纪，药农蒲公首建佛寺普光殿于峨眉金顶。3世纪，传播佛教“华严三圣”中的普贤菩萨信仰建普贤寺（今万年寺）。6世纪中叶，四川一度成为中国佛教禅宗的中心。至今，峨眉山分布有30余座佛寺和164处文物古迹点。其中的飞来殿、万年寺无梁砖殿是列为国家级保护对象的建筑精华；伏虎寺内保存的“华严铜塔”，高5.4米，内外铸有全本“华严经”和4700余尊佛像，为稀世珍品；万年寺普贤骑白象的明代铜像高7.35米，重达62吨，享誉海内外；万年寺寺存明代暹罗（今泰国）国王所赠贝叶经已成国宝，也是南方丝绸之路的重要见证。

在峨眉山东麓，始建于公元8世纪初、历90年而成的乐山大佛，依凌云山栖鸾峰石壁凿成，坐落于岷江、青衣江、大渡河三江交汇之处。大佛通高71米，为世界最高弥勒石刻大佛，远观“山是一尊佛，佛是一座山”。大佛两侧另有唐代石刻造像90余龛。附近还有秦离堆、汉崖墓和其他唐代佛像、佛塔、佛寺，以及宋代抗元遗迹等。

1996年，在墨西哥梅里达举行的世界遗产委员会第20届会议上，基于如下标准将“峨眉山—乐山大佛”列入《世界遗产名录》：

标准Ⅳ：峨眉山有30多座寺庙，其中10座宏大而古老。它们都按当地传统风格，巧用地势建在山坡上。在选址、设计、建设方面，它们都是富有创意和智慧的杰作。这些先进的建筑学理念和建造技术是中国寺庙建筑的精华。与这些寺庙关联，还有些重要的中国文化珍宝，包括非凡的乐山大佛。它于公元8世纪在凌云山山壁开凿而成，坐落于岷江、大渡河和青衣江的交汇处。大佛以71米的高度成为世界最高的佛像雕塑。

标准Ⅵ：在峨眉山，有形与无形要素、自然与文化要素相结合的重要性至高无上。峨眉山作为中国佛教四大名山之一，具有重要的历史意义。佛教于公元1世纪经丝绸之路由印度传到峨眉山，山上建造了中国第一座佛教寺院。峨眉山丰富的佛教文化遗产有着2000余年的历史记载，包括考古遗址、重要建筑、墓葬、祭祀场所，其他传统文物珍品如雕塑、石刻、书法、绘画、音乐等。

标准Ⅹ：峨眉山因其植物多样性而特别具有保护和科学意义。这里的生物多样性极其丰富：242个科属的3200种植物物种记录在案，其中31种受到国家重点保护，100多种属当地特有。这是由于峨眉山位于四川盆地边缘到喜马拉雅高原东部的过渡区位。在它2600米的海拔之内，分布着种类繁多的植被带，包括亚热带常绿阔叶林、混合常绿和落叶阔叶林、混合阔叶和针叶林、亚高山带针叶林。这处独特的植被区系也包括丰富的动物物种，有记载的达2300种，包括几种全球范围内的濒危动物。

四、建设管理现状

分别设立峨眉山风景名胜区管委会和乐山大佛风景名胜区管委会，负责该世界遗产保护管理工作。

沙湾区自然保护地概况

四川美女峰国家森林公园

一、地理位置

四川美女峰国家森林公园位于乐山市沙湾区城南，距峨眉山26千米、成都160千米，海拔900~2027米，经营面积1917公顷。其地理坐标为东经103° 29′ ~103° 36′ 、北纬29° 18′ ~29° 24′ 。

二、历史沿革

1996年，经四川省人民政府批准为省级风景名胜区；2001年，经国家林业局批准为国家森林公园。

三、动植物及景观资源

森林公园地貌以石林地貌为主，土质以黄壤土为主。公园属亚热带湿润季风气候，有750余种野生植物和84种野生动物。公园现有人工针叶林、天然次生林和灌木林等森林景观和森林生态系统，奇峰、怪石、洞穴、悬崖、峡谷等地质景观，溪谷和瀑布等水文景观，栖息地、森林和珍稀植物等生物景观，日月星光、云雾景观和冰霜雪露等天象景观，万福寺遗址、彝人穴居遗址、地方特产和美女峰的传说等人文景观。

四川沙湾大渡河国家湿地公园

一、地理位置

四川沙湾大渡河国家湿地公园主要包括大渡河及周边区域，由南向北呈狭长形廊道走向，南至沙湾区界（东经103° 38′ 、北纬29° 11′ ），北以安谷航电工程为界（东经103° 37′ 、北纬29° 30′ ），东至福禄镇（东经103° 39′ 、北纬29° 18′ ），西至插旗沟（东经103° 32′ 、北纬29° 21′）。其地理坐标为东经103° 32′~103° 39′、北纬29° 11′~29° 30′。公园总面积为2474.96公顷，其中湿地面积为2184.55公顷，占公园总面积的88.27%。

二、历史沿革

2016年，经国家林业局批准建立国家湿地公园。

三、动植物资源

湿地公园紧邻大渡河、青衣江、岷江的三江交汇口，地处大渡河干流下游。河谷开阔，河道分汊呈河网状，水量丰沛，水流缓急交替，边滩、心滩密布，生境多样，是大渡河下游重要的鱼类越冬场、产卵场、索饵场“三场”分布区域，对大渡河、青衣江及岷江鱼类资源保护具有重要意义。公园内湿地生物多样性丰富，有湿地植物32科52属67种；有脊椎动物232种，其中兽类18种、鸟类90种、两栖动物7种、爬行动物10种、鱼类107种。湿地公园分布有国家II级保护鱼类胭脂鱼，有长江上游特有种鱼类31种。此外，还有国家II级重点保护鸟类黑鸢、雀鹰、普通鵟、红隼等6种，有四川省重点保护鸟类小䴙䴘、普通鸬鹚和小白腰雨燕，以及中国特有种峨眉林蛙。

大渡河—美女峰风景名胜区

一、地理位置

大渡河—美女峰风景名胜区总面积为73.4平方千米，地理坐标为东经103° 25′~103° 44′、北纬29° 11′~29° 31′。

二、历史沿革

1996年，经四川省人民政府批准为第五批省级风景名胜区。

三、景观资源

名胜区以自然山水为基调、名人文化为灵魂、江河景观为精髓、奇石异峰为主体、田园风光为围合，融合峡谷沟谷、溪流跌泉、森林植被等自然景观，以及历史遗迹和宗教文化等人文景观，是一处以自然山水风光为主旋律、名人文化景观为最强音的省级风景名胜区。

二峨林海林型众多、林木葱郁；又名“美女峰”的三峨山山体秀丽、婀娜多姿，更有精华在于“美女”的乳峰间，大片石林镶嵌其中，石笋、石芽形态各异、错落有致。行走其间，道路时宽时隘，时高时低，弯弯曲曲，扑朔迷离，不失为精致玲珑的天然园林。

大渡河在风景名胜区内迂回蜿蜒，江水时而淙淙、缓缓流淌，江面清丽如羞涩的少女；时而雄浑、汹涌奔腾，江面蓬勃又像英气少年。婉丽多姿的大渡河为该风景名胜区增添了无穷的魅力。

四、主要保护对象

1. 以郭沫若故居为代表的历史遗迹。

2. 以美女峰为代表的山峰、奇石自然景观资源。

3. 以大渡河为代表的江河自然景观资源。

4. 以桫椤植物为代表的植物景观资源。

5. 各景区的自然生态环境。

支流县自然保护地概况

支流县自然保护地范围包括红原、色达、炉霍、道孚、九龙、越西等县。

四川年龙县级自然保护区

一、地理位置

四川年龙县级自然保护区的地理坐标为东经100° 26′ ~100° 39′ 、北纬32° 24′ ~32° 34′ ，总面积为415693.07公顷，在行政区划上属于色达县。

二、历史沿革

2000年，经色达县人民政府批准成立年龙县级自然保护区。

三、主要保护对象

主要保护对象为白唇鹿、雪豹等珍稀濒危野生动植物和大渡河上游流域的森林生态系统。

四、建设管理现状

目前由色达县林草局下设机构色达县自然保护地保护中心代为管理。

四川泥拉坝湿地县级自然保护区

一、地理位置

四川泥拉坝湿地县级自然保护区的地理坐标为东经99° 21′ ~99° 40′ 、北纬32° 34′ ~32° 54′ ，总面积为60906.03公顷，在行政区划上属于色达县。

二、历史沿革

2000年，经色达县人民政府批准为县级自然保护区。

三、主要保护对象

主要保护对象为黑颈鹤等珍稀濒危野生动植物和高寒湿地等自然生态系统。

四、建设管理现状

目前由色达县林草局下设机构色达县自然保护地保护中心代为管理。

色曲河州级珍稀鱼类自然保护区

一、地理位置

色曲河州级珍稀鱼类自然保护区的地理坐标为东经100° 14′ ~100° 27′ 、北纬32° 21′ ~32° 7′ 。河流总长82.1千米，总面积276.86公顷，在行政区划上属于色达县。其中核心区面积为127.55公顷，缓冲区面积为99.79公顷，实验区面积为49.52公顷。

二、历史沿革

2002年，经甘孜藏族自治州人民政府批准为州级自然保护区；2012年，甘孜藏族自治州人民政府批复了对色达县色曲河州级珍稀鱼类自然保护区的调整。

三、主要保护对象

主要保护对象包括珍稀水生动物大鲵、水獭、重口裂腹鱼、青石爬鮡，及经济鱼类齐口裂腹鱼、大渡裸裂尻鱼、麻柯河高原鳅、黄石爬鮡等。

四、建设管理现状

目前由色达县林草局下设机构色达县自然保护地保护中心代为管理。

四川省翁达森林公园

一、地理位置

四川省翁达森林公园位于色达县东南部，海拔3430~4624米，规划总面积

3134.00公顷，地理坐标为东经100° 37′ ~100° 40′ 、北纬31° 49′ ~31° 53′ 。公园东和南毗邻翁达镇明达村，西邻霍西乡，北与杨各乡接壤。

翁达森林公园的核心景观区面积471.03公顷，占公园总面积的15.03%；一般游憩区面积约2149.92公顷，占公园总面积的68.60%；管理服务区面积40.35公顷，占公园总面积的1.29%；生态保育区面积约472.70公顷，占公园总面积的15.08%。

二、历史沿革

2019年，经四川省人民政府批准设立省级森林公园。

三、主要保护对象

森林公园在高原森林生态系统等方面具有较高保护价值。森林公园山体下部属于高山峡谷地貌，上部属于山原地貌，且海拔相对高差大。从垂直分布来看，森林公园地处高山峡谷区与山原区交错区，植被以冷杉、云杉、密枝圆柏等针叶林带为主体。森林公园有维管植物84科927种，有野生动物共计21种。

四、建设管理现状

由四川省翁达森林公园管理局管理。

果根塘省级湿地公园

一、地理位置

果根塘省级湿地公园的地理坐标为东经100° 16′ ~100° 26′ 、北纬32° 06′ ~32° 17′ 。湿地公园总面积为2157.36公顷，在行政区划上属于色达县。其中，保育区面积为1817.64公顷，占湿地公园总面积的84.25%；恢复重建区面积为18.40公顷，占湿地公园总面积的0.85%；合理利用区面积为321.32公顷，占湿地公园总面积的14.89%。

二、历史沿革

2016年，经四川省林业厅批准建立省级湿地公园；2020年，经四川省林业和草原局批准调整范围及功能区划。

三、主要保护对象

主要保护对象为永久性河流湿地、洪泛湿地、沼泽化草甸、灌丛沼泽湿地等多种湿地生态系统。

四、建设管理现状

目前由色达县林草局下设机构色达县自然保护地保护中心代为管理。

四川卡娘县级自然保护区

一、地理位置

四川卡娘县级自然保护区位于炉霍县和色达县，地理坐标为东经100° 20′ ~101° 04′ 、北纬31° 10′ ~31° 51′ 。保护区总面积为244622公顷，其中核心区面积为128524公顷，占保护区总面积的52.54%；缓冲区面积为47421公顷，占保护区总面积的19.39%；实验区面积为68677公顷，占保护区总面积的28.07%。

二、历史沿革

2002年6月，经炉霍县人民政府批准为县级自然保护区。

三、主要保护对象

主要保护对象为白唇鹿、林麝等珍稀濒危野生动植物和森林等自然生态系统。

四川泰宁玉科省级自然保护区

一、地理位置

四川泰宁玉科省级自然保护区在行政区划上属于道孚县，地理坐标为东经101° 29′ ~101° 44′ 、北纬30° 20′ ~30° 32′ 。保护区总面积为23654公顷，其中核心区面积为12149.0公顷，占保护区总面积的51.36%；缓冲区面积为5897.0公顷，占保护区总面积的24.93%；实验区面积为5608.0公顷，占保护区总面积的23.71%。

二、历史沿革

1996年，经道孚县人民政府批准为县级自然保护区；2000年，经甘孜藏族自治州人民政府批准为州级自然保护区；2022年，经四川省人民政府批准为省级自然保护区。

三、主要保护对象

独具特色的高山自然生态系统、动植物多样性及自然景观。

四川申果庄省级自然保护区

一、地理位置

四川申果庄省级自然保护区位于越西县的东部，东与四川美姑大风顶国家级保护区接壤，南至申果乡境内，西至瓦波火山梁子，北与四川甘洛马鞍山省级保护区交界。保护区总面积为33700公顷，其中核心区面积为19268.56公顷，缓冲区面积为7151.92公顷，实验区面积为7279.52公顷。

二、历史沿革

2002年，经四川省人民政府批准为省级保护区。

三、主要保护对象

主要保护对象包括大熊猫、云豹等珍稀野生动物和森林生态环境。保护区是凉山山系大熊猫种群交流的关键走廊地带。

四、建设管理现状

管理机构是越西县申果庄保护区管理处，是副科级事业单位，行政隶属越西县林业和草原局。保护区下设拉吉、石门、五一一四、沙苦保护站。

第二部分　旅游景区

旅游资源是指自然界和人类社会凡能对旅游者产生吸引力，可以为旅游业开发利用，并可产生经济效益、社会效益和环境效益的各种事物现象和因素。为了加强对旅游景区的管理，提高旅游景区的服务质量，维护旅游景区和旅游者的合法权益，促进我国旅游资源开发、利用和环境保护，2003年，我国发布了《旅游景区质量等级的划分与评定》国家标准（GB/T17775-2003）。

旅游景区是以旅游及其相关活动为主要功能或主要功能之一的空间或地域。标准规定，旅游景区是指具有参观游览、休闲度假、康乐健身等功能，具备相应旅游服务设施并提供相应旅游服务的独立管理区。该管理区应有统一的经营管理机构和明确的地域范围。包括风景区、文博院馆、寺庙观堂、旅游度假区、自然保护区、主题公园、森林公园、地质公园、游乐园、动物园、植物园及工业、农业、经贸、科教、军事、体育、文化艺术等各类旅游景区。

旅游景区质量等级分为五级，从高到低依次为AAAAA、AAAA、AAA、AA、A级旅游景区。旅游景区质量等级标志和证书由国家旅游景区质量等级评定机构统一规定。质量等级的划分与评定能够有效引导标准化试点项目的设立，提高试点景区的服务质量和环境质量，取得良好的经济效益和社会效益，对全面提升我国旅游景区的行业质量，推出一批国际级旅游景区起到积极作用。

大渡河起于青海省果洛藏族自治州久治县，在四川省先后流经阿坝、甘孜、雅安、凉山和乐山，涉及17个县（市、区），辖区内共有AAAAA级景区3个、AAAA级景区26个、AAA级景区27个、AA级景区8个。

根据行政区域细分，大渡河流经的阿坝州相关县（市）共有AAAA级景区9个、AAA级景区2个，甘孜州相关县（市）共有包括AAAAA级景区1个、AAAA级景区4个、AAA级景区13个，雅安市相关县共有AAAA级景区3个、AAA级及以下景区7个，乐山市相关县（市、区）共有AAAAA级景区2个、AAAA级景区10个、AAA级及以下景区13个。

此外，甘孜州色达县是流域面积最大的支流县，有AAAA级景区1个、AAA级景区5个。

壤塘县旅游景区概况

棒托石刻公园（国家AAA级旅游景区）

一、地理位置

棒托石刻公园景区位于壤塘县北部茸木达乡则曲河畔，距城区约40千米，占地面积0.47平方千米，平均海拔3350米。

二、历史沿革

2001年，棒托寺被列为第五批全国重点文物保护单位；2019年，经阿坝州旅游景区质量等级评定委员会批准为国家AAA级旅游景区；2022年，棒托石刻大藏经获“世界现存最完整的石刻大藏经世界纪录认证”。

三、景观资源

景区内棒托寺为宁玛派寺庙，藏语意为“草坝上的寺庙”。该寺庙始建于元代，规模宏大，建筑风格独特。景区由国家级文物保护单位石刻大藏经——《甘珠尔》《丹珠尔》以及“降魔塔”“万佛塔”“尊胜塔”“菩提塔”等30余座大小不等、形状各异的佛塔组成，甚为壮观。

曾克寺（国家AAA级旅游景区）

一、地理位置

曾克寺景区位于壤塘县吾依乡境内、国道227沿线，距离县城26.5千米。景区占地面积2.5平方千米，平均海拔3102米，是壤塘3座噶举派寺庙之一，以米拉塔、彩林塔著称，历史悠久。

二、历史沿革

2018年，经阿坝州旅游景区质量等级评定委员会批准为国家AAA级旅游景区。

三、景观资源

景区由文化景观墙、马头金刚圣泉、石刻文化体验区、米拉塔（5座）、大经堂、坐床奇石、彩塔林（1108座）、度母殿、菩提佛塔等23个景点组成。

壤巴拉文化旅游景区（国家AAAA级旅游景区）

一、地理位置

壤巴拉文化旅游景区位于壤塘县北部、则曲河中游，是安多、嘉绒、康巴交融交汇的藏族聚居区。其背靠财神山，占地面积2.28平方千米，平均海拔3560米，属高原季风气候。

二、历史沿革

壤巴拉文化是藏地历史悠久、独具特色的文化传承系统，它自唐末宋初逐步兴起，历经千载从未中断，一直保持着清新、圆满的法脉传承。2019年，经阿坝州旅游景区质量等级评定委员会批准为国家AAA级旅游景区；2021年，经四川省旅游资源规划开发质量评定委员会批准为国家AAAA级旅游景区。

三、景观资源

景区由财运祈福体验区、壤巴拉非遗文化体验区、民俗风情体验区、高原牧歌体验区4个区域组成，每个区域内都有丰富的自然景观和人文景观。景区有确尔基寺大经堂、康萨文物博物馆、康玛殿、拉吾章殿等全国重点文物保护单位，国家级非遗文化遗产梵音古乐、中国传统村落壤塘村位于其中。

阿坝县旅游景区概况

莲宝叶则·石头山景区（国家AAAA级旅游景区）

一、地理位置

莲宝叶则·石头山景区位于阿坝州阿坝县的西北部，与青海省交界，地理坐标为东经108° 8′ ~101° 18′ 、北纬33° 2′ ~33° 9′ ，总面积为3668.49公顷。该区域为广阔的“U”形谷，最低海拔3620米，最高海拔4400米，湿地总面积约为1201.11公顷。景区距阿坝县城39千米，距红原机场2小时车程。莲宝叶则为安多涉藏地区众神山之首，素有“蜀山之源昆仑天梯”之称，由珠姆措、落云措、扎尕尔措、龙尕措拉玛4个景区组成。

二、历史沿革

2005年，被批准为国家级地质公园；2018年，被确定为省级生态旅游示范区；2022年，经四川省旅游资源规划开发质量评定委员会批准为国家AAAA级旅游景区。

三、景观资源

莲宝叶则先后荣获“中国最具潜力新美景”“2017最值得期待的旅游目的地”“省级生态旅游示范区”等称号。莲宝叶则的汉语意思为“尊严的玉石之峰”。民间通常称莲宝叶则为石头城堡。这里怪石嶙峋，千姿百态，观音打坐、众生朝佛、神医采药、姑娘梳妆等形象活灵活现；山下湖泊如珠玉撒落，湖中游鱼如梭，水鸟纷飞，是以探寻冰川遗迹、穿越石头城堡、亲近神山圣湖、倾听格萨尔传说为特色的景区。景区内有龙尕沟、罗云沟、章木沟、扎尕沟，每条沟都有一个著名的海子，分别是：龙尕拉玛措、罗云措、珠姆措、扎尕尔措。

四、动植物资源

景区内少种科（2~5种）植物有26科75种，多种科（6种以上）植物有8

科81种；有脊椎动物48科83属109种，其中鱼类2科2属2种，两栖类4科5属5种，爬行类3科3属3种，鸟类26科53属76种，哺乳类13科20属23种；有国家重点保护野生动物10种。

五、建设管理现状

设有省级湿地公园管理处和景区管理处。

神座景区（国家AAAA级旅游景区）

一、地理位置

神座景区位于阿坝县东南部，平均海拔3100米。景区距阿坝县城65千米，距红原机场1.5小时车程。神座由三部分组成：查理寺—扎尕尔寺宗教朝圣区、神座藏寨文化体验区和安神湖休闲度假区。日阿曲河将神座划分成两个截然不同的地理单元，西岸以尕巴娜姆神山为主题，东岸则是以探险、摄影为主的神山扎布兰区域原始森林地带。

二、历史沿革

2017年，被批准为国家级“最美休闲乡村”；2018年，被批准为国家AAAA级旅游景区；2020年，被列为省级乡村旅游重点村；2020年，被批准为州级旅游度假区。

三、景观资源

景区自然景观有原始森林、湿地、高山海子、灌丛草甸，可以依托湿地山林河谷、原始森林等，采取生态友好方式，开展生态体验、生态教育、生态摄影、环境友好徒步等。

四、动植物资源

景区有植物94科280属706种，其中苔藓植物12科14属17种，蕨类植物12科18属26种，裸子植物3科6属21种，被子植物67科242属642种。景区有豹、雪豹、绿尾虹雉、黑颈鹤、金雕等国家重点保护动物。

五、建设管理现状

景区设有管理处，由神座村生态旅游开发合作社和查理乡人民政府共同管理。

马尔康市旅游景区概况

卓克基土司官寨（国家AAAA级旅游景区）

一、地理位置

卓克基土司官寨景区位于马尔康市卓克基镇西索村，地理坐标为东经102° 17′ 、北纬31° 52′ 。景区总面积为29.92公顷，其中核心区公共设施用地（游客中心、红军长征纪念馆、卓克基土司官寨、卓克基商业街）面积为4.37公顷，占景区总面积的14.61%；居住用地（西索民居）面积为1.7公顷，占景区总面积的5.68%；其他用地（环卫设施、道路、绿地、水域）面积为23.85公顷，景区总面积的79.71%。

二、历史沿革

1988年，被列为第三批国家重点文物保护单位；2005年，被列入全国百家红色经典旅游景区之一。

马尔康红军长征纪念馆于2013年7月建成，2013年8月正式开馆，并被确定为“四川省爱国主义教育基地”“四川省国防教育基地”“阿坝州民族团结进步教育基地”“党性教育基地”“党风廉洁教育基地”。

三、景观资源

土司官寨始建于1286年，距今已有700多年的历史，是国内土司文化保存最完好的官寨。红军长征纪念馆总占地面积6324.85平方米，展馆面积1547.7平方米。西索民居是典型的嘉绒藏族村落。

卓克基土司官寨：官寨共分五层，63间房，所有的楼层都采用汉式回廊相互联结，回廊外用汉式花窗与藏式窗花图案作装饰，充分体现了藏汉文化的巧妙结合。整个官寨气势恢宏、建造技艺精湛、底蕴厚重。

马尔康红军长征纪念馆：整体布局为六个展室（万里长征、转战阿坝、三进三出马尔康、英明永存、红色记忆、迈向新长征）。馆内以丰富的史料、独特的视觉，融合现代声、光、电、3D等技术手段，通过雕塑、展板、灯箱、场景再现等方式，全面生动地再现了红军长征途经阿坝州，翻雪山过草地和建立革命政权时那段艰苦卓绝的革命岁月。

西索民居：独具嘉绒藏族建筑特色，保持了嘉绒先民“垒石为室”的传统建筑风格，寨子错落有致，犹如一座壁垒森严的古堡。从高处鸟瞰，会发现西索藏寨酷似藏族八宝图案中的“花依”图案（状如“中国结”），寨子中直来竖往、弯来拐去的青石板小道，把图案的线条展现得非常清晰。民居建筑形如碉状，也称碉楼。房屋四周的墙体均用片石砌成，用黄泥黏合。墙体厚达1米，采用内直外收的砌法，工匠们仅凭经验，砌出的石墙如刀切豆腐般整齐，棱角锐利，上窄下宽，整个墙体处于抗压状态，成为建筑的承重主体。这种碉楼不仅冬暖夏凉，而且建筑艺术独特，审美价值高，就像一件件珍贵的艺术品。

四、建设管理现状

卓克基土司官寨文化旅游区由马尔康市全域生态文化旅游发展服务中心管理，马尔康嘉绒投资集团公司运维。

松岗柯盘天街文化旅游景区（国家AAAA级旅游景区）

一、地理位置

松岗柯盘天街文化旅游景区位于马尔康市松岗镇，距离马尔康市区12千米。景区总面积约为1.2平方千米，主要景点有松岗土司官寨遗址、柯盘天街、松岗古碉群、直波古城、莫斯都岩画、养獐场、中蜂保种场、胡底革命烈士纪念广场等。

二、历史沿革

2019年，由四川省旅游资源规划开发质量评定委员会评定为国家AAAA级旅游景区。

三、景观资源

景观资源以红色文化及藏族建筑为主：①以柯盘天街包含的松岗

土司官寨遗址、2座官邸碉、37幢嘉绒民居和1座川主庙为主的藏族建筑资源。②为纪念革命烈士胡底，马尔康市政府修建了胡底革命烈士纪念碑广场为主的红色文化建筑。③以直波古碉为主的各种碉楼建筑资源。

柯盘天街包含松岗土司官寨遗址、2座官邸碉、37幢嘉绒民居和1座川主庙。景区培育了藏式餐饮、酒吧、茶吧、特色风情民宿、休闲娱乐、购物及文化演艺（土司嫁女婚俗展演等）等34处旅游业态，是游客体验嘉绒藏族文化的理想之地。

马尔康市政府修建了胡底革命烈士纪念碑广场，《北望》雕塑纪念碑于2018年10月竣工。2018年10月25日，国家安全部命名该广场为“全国国家安全教育基地”。纪念碑广场由胡底纪念碑、胡底纪念雕塑和形象墙三部分组成，其中《北望》雕塑基底面积162平方米，纪念碑高16.1米，胡底铜像高4.6米。纪念碑用红色花岗岩砌成，碑正面顶部为汉白玉并镶嵌党徽，象征党的隐蔽战线前辈先烈白皮红心，前赴后继，犹如利剑刺向天穹。胡底烈士雕塑用紫铜锻造而成，胡底手执木棍拐杖，目光炯炯宁神凝视北方，象征他充满大无畏的革命乐观主义精神。北望，寓意胡底想早日北上与党中央团聚。

直波古碉是全国重点文物保护单位，是马尔康柯盘天街的标志性建筑。古碉建于清乾隆年间，为石木结构，整体由下向上渐内收呈台锥形。两座碉楼相距30米，其中南碉为43米高的八角碉楼，半个多世纪来，已经倾斜2.3米，经历3次大地震而屹立不倒，被称为中国版的“比萨斜塔”。

四、建设管理现状

松岗柯盘天街文化旅游景区由马尔康市全域生态文化旅游发展服务中心管理。

金川县旅游景区概况

世外梨园景区（国家AAAA级旅游景区）

一、地理位置

世外梨园景区地理坐标为东经102° 06′、北纬31° 55′，属于金川县河谷地带。景区总面积为5840公顷，其中核心区面积为1440公顷，占总面积的24.65%，包括勒乌镇（金马坪村）、庆宁乡、咯尔乡、沙耳乡。景区以3月梨花和11月红叶为主要旅游景观。

二、历史沿革

2014年，农业部评选出的140个“中国美丽田园”中，金川县的梨花、红叶景观双双上榜，成为全国唯一一个双景入榜的“中国美丽田园”目的地；2019年，经四川省旅游资源开发质量评定委员会批准为国家AAAA级旅游景区。

三、景观资源

景区有4万亩、100万株以上的雪梨林。这里是全世界唯一的高原雪梨产区。这里春赏梨花、秋观红叶、夏避酷暑、冬沐阳光，雪山与梨花争奇斗艳，蓝天白云与绚烂红叶交相辉映，蜿蜒的大金川河流与秀丽的田园民居完美结合，形成了世属罕见的高原田园风光。

景区融神奇、险峻、清幽、秀美于一体，集山水、森林、果园、藏寨于一谷，构成了一幅令人神往的高原山水田园风情长卷。其中既有庆宁、咯尔、沙耳等各具特色的自然风光和民俗风情，也有红军长征遗迹、遗址等红色景点。作为全国唯一一个以梨花和红叶双景入榜的“中国美丽田园”景观，金川世外梨园已成为旅游观光、体验民俗、放松身心的理想之地。

如今，金川雪梨已成为国家地理标志保护产品。每年三四月，河谷之中的梨花竞相绽放，漫山遍野白茫茫一片，异常壮观。似雪非雪、似云非云的梨花与蓝天、河流、牧场、麦地、藏寨、碉楼等相互映衬，恰似一幅幅精美绝伦的工笔山水画，让人沉醉。

四、建设管理现状

世外梨园景区设有游客管理服务中心、游客接待点和游客集散点2处及景区司法所1处。

观音桥景区（国家AAAA级旅游景区）

一、地理位置

观音桥景区位于金川县西北部，地理坐标为北纬31°23′~31°50′、东经101°26′~102°04′，地跨观音桥镇、太阳河乡、毛日乡、俄热乡、阿科里乡、撒瓦足乡等多个乡镇。景区距金川县城88千米，距壤塘县城120千米，距炉霍县城190千米，距马尔康市区71千米，距成都市区370千米。景区总面积为330平方千米。

二、历史沿革

景区以嘉绒藏族文化为主，是藏羌文化走廊上的重要节点，处在以丹巴、小金、马尔康、壤塘、金川等为主的嘉绒藏族文化圈的核心腹地。2012年，被批准为国家AAAA级旅游景区。

三、景观资源

景区是以宗教文化、自然景观及人文景观为主的景区，汇聚了藏地圣庙、高山草地、高原湖泊、高山彩林、高山峡谷五大类景观36个主要景点，主要分为宗教文化区、高山草原区和高山峡谷区三大片区。

（一）自然资源

1. 河谷资源

景区内河谷资源主要有太阳河谷、俄热沟、撒瓦足沟等。太阳河谷从毛日乡政府至杜柯河与太阳河交汇处，总长约45千米，贯穿太阳河乡和毛日乡；俄热沟位于景区西南部的俄热乡，距观音桥镇10千米，总长30多千米；撒瓦足沟位于撒瓦足乡，从新扎沟口入沟，至撒瓦足乡政府，总长40千米。景区内河谷资源主要分成两种，一种是宽谷，如俄热沟；另一种是窄谷，如太阳河谷和撒瓦足沟。俄热沟相对于太阳河谷、撒瓦足沟等窄更谷，空间更大，可利用土地较富余，较利于旅游项目的开发。河谷内山岭夹峙，茂密的森林、优美的高山草坝、清澈的溪水湿地、遍地的山花野草、多样化的动植物资源，构成了一幅美丽的高原风景画。同时，河谷内还包含了寺院、经幡、玛尼堆、嘉绒藏族村寨与建筑等众多人文资源，也有较为完善的生态系统，是景区生态资源的主要富集区域。

2. 水系资源

一是情人海。情人海又名长海子，藏名“撒尔足措”。其位于毛日乡撒尔足村境内，海拔3700米，水域面积约为5万平方米，容积约8754万立方米，最深处达70米。湖水常年碧绿，似一面镜子。湖畔被云杉、高山柏等环绕，水中多“草地鱼”（裸鲤），牧民视之为神物。海子有“静”“灵”“潮”三绝。人畜经过海子不能喧闹，否则会震动空气引来大雨滂沱或冰雹砸头，故人过无声、马过摘铃、牛羊忌哨。每逢大旱祈雨，以声震空，屡试皆灵。湖水自西向东潜流，夏季有潮，上午9时许与下午5时许，约1米多深的水下泥沙起伏，涌动如潮，40分钟后湖面便平静如初。

二是纳海。纳海海拔4014米，位于俄热乡境内，临近腾龙夏州达尔基寺，与寺庙隔山而立。纳海长1千米、宽0.6千米，周边群山环绕，山石耸立，怪石嶙峋，气势非凡。山体上部郁郁葱葱，极为秀丽。纳海清澈见底，水质优良，海子边还有当地藏民垒起的用来祈福的玛尼堆。

三是牛肝马肺海。牛肝马肺海海拔4320米，在毛日乡境内，因其外形似牛肚子，被当地人称为“牛肝马肺海”。它长1.5千米、宽1.8千米，是金川境内面积最大的海子。在海子中间还有一个小岛，这在川西北高原众多的海子中极为罕见。海子边上就是大片的草场，是本地藏民们夏季的传统牧场。

四是神泉。神泉在太阳河谷内，紧邻麦地沟村的太阳河东侧，规模不大，属于天然碳酸泉，含铁、砷、硒等多种矿物质。

3. 彩林资源

景区的彩林资源主要分布在太阳河谷、俄热沟、撒瓦足沟和毛日乡情人海等区域。河谷型彩林，主要分布在太阳河谷、俄热沟、撒瓦足沟内。依托河谷地形，由自然生长的半干旱河谷灌丛植被、针叶混交林、针阔混交林、阔叶混交林等形成高低错落、色彩绚丽、层次分明的彩林景观。高山型彩林是依托情人海周边山体超过4000米的海拔，以及生长的针叶混交林、针叶林等形成的彩林景观。相对而言，其色彩丰富程度、层次多样性等均比不上河谷型彩林。

4. 雪山资源

景区雪山资源主要分布在阿科里乡境内，沿太阳河谷上行30余千米就可到达。阿科里乡一带平均海拔在4000米以上，雪山垭口海拔更是超过了4800米。雪山下部是大片的高山草甸，这里有蓝天、白云、绿草、野花、牛羊、帐篷等广阔的草原风光。

（二）人文资源

景区分布有观音庙、欧都寺、甲克寺、昌都寺、腾龙夏周达尔基寺等。尤其是观音庙，其作为涉藏地区著名的红教寺庙，有“第二布达拉宫”的美誉。观音庙内有全国三大观音之一的绰斯甲观音菩萨，有别于其他的观音，是典型的藏传佛教四臂观音。

观音庙，又称土基钦波观音庙，是规划区的核心景点，属省级重点文物保护单位。观音庙位于观音桥镇区旁边，在海拔3685米的纳勒山半山坡上。它距县城约88千米，距马尔康市区71千米。观音庙已有1000多年的历史，庙内有释迦牟尼佛、观音菩萨、莲花生大师、文殊菩萨等佛像100多尊，还有金银塔、经卷，壁上挂满唐卡、壁画。数百年来，观音庙香火不断，来自各地的朝拜者络绎不绝。

昌都寺，又称昌都罗尔布寺，坐落在距金川县城40多千米的撒瓦脚乡阿拉学村。昌都寺由绰斯甲土司的亲兄弟郎松拉丈旦贝嘉木参始建于3世纪，距今已有1000多年的历史。昌都寺为本教寺庙，是绰斯甲土司管辖地境内最大寺庙和管理该地区藏传佛教、本教各寺的最高宗教机关。

四、建设管理现状

金川县人民政府成立观音桥景区工作中心负责景区的统筹管理，景区工作中心同辖区各乡镇（观音桥镇、二嘎里乡、俄热乡、毛日乡、阿科里乡、撒瓦脚乡）共同对景区进行保护和管理。景区设观音桥镇游客中心和情人海游客服务中心，以及自驾车营地。

丹巴县旅游景区概况

甲居藏寨（国家AAAA级旅游景区）

一、地理位置

甲居藏寨距丹巴县城约8千米，地理坐标为东经101° 52′、北纬30° 54′。藏寨总面积为22.64平方千米，其中核心区面积为9.1884平方千米，占景区总面积的40.58%。

二、历史沿革

2005年，甲居藏寨被评选为“中国最美丽的六大乡村古镇”之首；2016年，被评定为国家AAAA级旅游景区。

三、景观资源

景区现有历史遗迹和景观资源120个，代表性历史遗迹和景观资源有卡帕玛群峰、大金川河谷、甲居村梯田、拖瓦宝顶、半山石林、卡帕玛群峰植被垂直自然带、磨子沟、西多沟、白杨林、松林、杉木林、梨树林、高半山原始森林、高顶跑马场、布衣跑马场、梨花林、草场花卉、矿场四〇三工区、玫瑰花种植基地、白塔、高顶寺、布衣寺、玛尼堆、藏式民居、碉楼、甲居藏寨、红五军团政治部遗址、藏民独立师师部旧址、妖枯大峡谷等。

1. 红五军团政治部遗址。1935年10月，南下红军攻占丹巴后，红五军驻防丹巴期间，将政治部设在聂呷乡甲居一村村口。经修缮，红五军政治部遗址成为丹巴爱国教育基地之一，同时也是丹巴主要红色旅游景点。

2. 藏民独立师师部旧址。1935年，中国工农红军二万五千里长征队伍途经丹巴并留驻近一年时间，建立了我党历史上第一支藏族红军武装——丹巴藏民独立师，2000多名丹巴藏族优秀儿女参加了红军。现在，丹巴建成藏民独立师博物馆，成为与红五军团政治部遗址并列的爱国主义教育基地。

3. 甲居藏寨。“甲居”在藏语中意为“百户人家”。甲居藏寨坐落于大金河谷至卡帕玛群峰的山坡上，相对高差近千米。2005年，在《中国国家地理》杂志发起组织的“选美中国”活动中，以甲居藏寨为代表的“丹巴藏寨”被评为“中国最美丽的六大乡村古镇”之首。甲居藏寨是独特的藏式楼房建筑，一户人家住一幢楼。寨楼每户占地约200平方米，高15余米，石木结构。墙体多是就地取材，用天然块石与黄泥砌成。墙面块石轮廓明显，粗狂厚重，古朴苍劲，简约写意。外形上，寨房一般设为四层，也有三层或五层的，一侧还配有厢房。房体的外墙多以白色、褐色和黑色圈涂成条纹，并绘以日、月、星辰的图案，显示出整洁美丽的外观，这些绘图颜料都是用当地的泥土、麦秆、沁水等制作方式制成。再从寨楼的内部来看，所有的门窗都由专人精心雕刻而成，并涂上艳丽的色彩。宾客室的墙面也多绘有独具嘉绒民族气息的图腾作为装饰。

甲居由于独特的藏式建筑和美丽的自然风光，以及独具一格的人文风情，吸引了无数游客前往游玩观赏，是丹巴最具代表性的旅游景区之一。

五、建设管理现状

景区目前由甲居景区管理委员会管理，丹巴县美人谷文化传媒公司投资运营。

梭坡景区（国家AAA级旅游景区）

一、地理位置

梭坡景区位于丹巴县梭坡乡境内，地理坐标为东经102° 00′、北纬30° 51′。其北至来依村，东至共布村，西至莫洛村，南至泽公村，距县城3千米。景区总面积为128.29平方千米，其中核心区面积为20平方千米，外围面积为108.29平方千米。

二、历史沿革

2006年，梭坡古碉群被列为全国重点文物保护单位；2018年，被评定为国家AAA级旅游景区。

三、景观资源

景区集中分布有全国数量最多、保存较好的古碉建筑遗址，有175座古碉，世界仅有的蒲角顶十三碉也在景区内。东女国遗址位于梭坡乡甲都片区内，现保存有碉楼遗址和东女国时代居住的城堡。当地至今还保留有走婚、17岁女子举行成人礼和尚青服饰等风俗文化。梭坡藏寨是丹巴特色建筑之一，藏寨依山而建，星罗棋布，一般以三层、四层为主，楼顶处有四个角。碧波翻涌的大渡河从山脚流淌而过，在古碉和藏寨的映衬下形成了一幅静美、浩渺的画卷。

中路景区（国家AAA级旅游景区）

一、地理位置

中路景区位于丹巴县墨尔多山镇，地理坐标为东经101° 53′ 、北纬30° 58′ 。其中北至呷仁依村，东至罕额依村，西至波色龙村、李然龙村，南至基卡依村，距县城9千米。景区总面积为46.05平方千米，其中核心区占地面积为2.5平方千米，外围区占地面积为43.55平方千米。

二、历史沿革

2018年，被评定为国家AAA级旅游景区。

三、景观资源

丹巴以“千碉之国”闻名，中路就有88座大小不同、形式各异的碉楼，或藏在民居群中，或孤独地守在荒野。中路还有与丹巴其他乡村完全不同风格的民居，以刹拉科经堂碉为代表。中路乡有着依山傍水的田园风光，也是远观墨尔多神山秀丽景色的理想之地。

小金县旅游景区概况

四姑娘山景区（国家AAAA级旅游景区）

一、地理位置

四姑娘山景区位于阿坝州小金县境内，属邛崃山脉中西段，主峰海拔6250米。其地理坐标为东经102° 09′、北纬31° 01′。四姑娘山东与卧龙大熊猫自然保护区相连，北接理县，南与雅安蜂桶寨自然保护区相连，国道350线横贯景区，距离成都市区175千米。四姑娘山自然保护区面积1375平方千米，其中对外开放的风景区面积为591平方千米。

二、历史沿革

1994年，四姑娘山被列为国家重点风景名胜区；1996年，被批准为国家级自然保护区；2001年，被评定为国家AAAA级旅游景区；2005年，被批准为国家地质公园；2006年，被批准为大熊猫栖息地世界自然遗产。

三、景观资源

四姑娘山景区主要由"三沟一山"组成，核心景区包括双桥沟、长坪沟、海子沟和四姑娘山。景区有距大都市最近且规模最大的雪山群，是"雪山的博物馆""古树的陈列室""植物的展览地""动物的生态园"。巍峨奇峻的雪山，唯美烂漫的花海，幽静原始的森林，构成美轮美奂的立体生态画卷。

第四纪冰川运动造就了众多的角峰、"U"形谷和典型的褶皱山，景区内5000米以上的高山有62座。这里是大熊猫栖息地世界自然遗产的重要组成部分，被联合国环境规划署描述为"世界植物最丰富最具多样性的地区之一"，是国家生态环境科普基地和国土资源科普基地。

四、建设管理现状

四姑娘山风景名胜管理局和四姑娘山自然保护区管理局于2001年确

定为州人民政府直属的正处级事业单位，实施“州县共管、以州为主”和“两块牌子一套人马”的管理体制，内设办公室、保护处、科研处、游人管理处、规划建设处、户外活动管理中心等17个内设机构，主要负责景区保护、管理、开发、建设等工作。

两河口会议纪念地旅游景区（国家AAAA级旅游景区）

一、地理位置

两河口会议纪念地旅游景区位于阿坝州小金县北部，东与理县交界，东南与结斯乡毗连，南与抚边乡相依，西与金川县毗邻，北与马尔康市接壤。景区区域面积为1053.95平方千米，地理坐标为东经102° 32′ 、北纬30° 28′ 。景区范围以两河口会议会址和两河口镇老街为核心，主要包括纪念广场、两河口会议会址、红军长征雕塑园、两河老街、红军长征烈士陵园、民俗街、雪山红路等景点。

二、历史沿革

2019年，被评定为国家AAAA级旅游景区。

三、景观资源

（一）人文资源

1. 红色文化旅游资源，包括两河口会议纪念馆、红军长征雕塑园、两河口会议会址、红军长征烈士陵园、雪山红路等。

“两河口会议”在红军长征路上具有重大历史意义，确定了红军挥师北上的重大战略方针，为中国革命的最终胜利指明了方向。会议旧址2006年被确定为四川省爱国主义教育基地，2007年被确定为全国文物重点保护单位，2017被中宣部命名为全国爱国主义教育示范基地，列为全国百个红色旅游经典景区之一。

两河口会议纪念馆在对会址保护的基础上进行了全面提升与改造，占地面积5401.8平方米，建筑面积2140.1平方米。纪念馆以“胜利会师，决策北上”为主题，以红军在小金的战斗生活为脉络，将展厅分为序厅、会师同乐厅、政权建立厅和两河北上厅。展厅在利用雕塑、油画、实物、图片、文献资料等艺术形式进行展列的同时，利用裸眼3D、互动多媒体VR等现代技术给游客带来互动体验，增强了纪念馆的教育性、知识性与互动性，具有极强的观赏游憩价值。红军长征雕塑园位于纪念馆北侧山坡上，随山就势分布了参加两河口会议的毛泽东、朱德、周恩来、张闻天等革命先辈的雕塑，雕塑四周分布有仿铜浮雕墙与红军长征故事墙，寓有深刻的教育意义。

红军长征烈士陵园位于旅游景区西南端，依山而建，占地面积13320平方米，安葬着在小金牺牲的300名革命烈士。陵园由革命烈士纪念碑、烈士墓区、纪念广场组成。革命烈士纪念碑在陵园最高点，通高11米，由碑帽、碑体和碑座组成。烈士墓区呈弧扇形分布在纪念碑座下，整个园区庄严肃穆，彰显了革命先烈伟大的革命精神。

雪山红路是小金县与马尔康市交界处的重要节点。该地海拔4470米，距离小金县城103千米，将小金与州府马尔康以及大草原紧紧地联系在一起。1935年6月下旬，毛泽东等红军领袖率红一方面军由此进入马尔康地区，踏上了北上的伟大征程。2018年，小金县国投公司对雪山红路进行了提升改造，完善了景观和配套设施，广大游客可在此再走红军长征路，感受革命精神。

2.地方民俗文化资源，包括嘉绒藏乡村落、嘉绒藏族歌舞、嘉绒服饰、嘉绒藏族传统民俗文化。

两河口集镇、两河村、虹光村等是阿坝嘉绒藏族传统文化和民俗风貌保存最完好的地区之一。两河村在2012年被评为“四川省环境优美示范村庄”，2013年被评为“四川省历史文化名村”。

景区传统文化形态保存完整，民族风情原始、古朴、神秘。特色民居、藏族锅庄、嘉绒服饰、饮食文化、婚俗习俗、传统节日等文化代代相传，在人文旅游资源价值上具有不可替代性。

（二）自然生态资源

景区内有原始森林、高山积雪、沙棘林原、高山草甸、飞瀑湖泊等，体现出秀美、幽静、古朴、奇特和气势磅礴的生态景观特征，与四姑娘山具有极强的互补性。虹桥沟景区位于两河口东部，全沟面积150平方千米。虹桥沟曾是抚边区的古商道，后来也是长征时期红四方面军与中央红军会合的一条重要通道。

四、建设管理现状

景区内由小金县金品文化旅游投资开发有限责任公司负责管理，下设2个管理处，由小金县两河口镇人民政府进行属地管理。

康定市旅游景区概况

康定情歌（木格措）风景区（国家AAAA级旅游景区）

一、地理位置

康定情歌（木格措）风景区位于康定城北18千米处、雅拉河西山上，总面积为350平方千米。景区融森林、草地、杜鹃花山、奇峰异石、叠瀑碧潭、温泉湖泊为一体，有木格措（野人海）、药池沸泉、芳草坪、杜鹃峡、七色海、红海、黑海等景点。景区是贡嘎山国家级风景名胜区的重要组成部分。

二、历史沿革

2010年，被评为国家AAAA旅游景区；2015年，被评为省级生态旅游示范区。

三、景观资源

1. 芳草坪。芳草坪面积为6000平方米，分为内坪和外坪。每年6月份左右，这里遍地开满鲜花，就像一张艳丽的地毯铺在群山密林之间。七八月份的时候，当地的群众会三五成群来这里“耍坝子”。当地人所说的“耍坝子”就是野炊，他们会带上青稞酒、酥油茶、牦牛肉、锅盔等到这里谈天说地，兴起时大家一起唱唱歌、跳跳锅庄，非常热闹。

2. 七色海。七色海海拔3200米，湖面呈月牙形，面积约1平方千米，水深20多米，是一处湖水与温泉交融的高原湖泊。在湖的左侧所触碰到的水是冰凉的；而在湖的右侧有几处温泉，吐珠喷玉，热雾袅袅，水温高达67℃。七色海，顾名思义有七种颜色。这是因为大气辐射，加上水底的藻类和富含钙、镁、硫、磷、钡、铁等矿物质的石块，以及海子周边彩林倒影的映衬，才泛出七种不同颜色。

3. 莲花山。这里能观赏到远处的莲花雪山，相传这是莲花生大师的化身，就像一朵莲花在蓝天上绽放。由于莲花雪山海拔高达5820米，终年白雪皑皑、云雾缭绕，一年只有三分之一的时间可以看到它的全貌，所以当地信奉藏传佛教的藏民们都认为，能够看到莲花雪山的都是有福气的人。

4. 药池。药池海拔3500米，高温泉眼就有20多处，最高水温达90℃。据考证，药池的温泉水质含有多种对人体有益的微量元素，每一眼泉水都有不同的功效，所以也就有了明目泉、健胃泉、浴脚池、鱼疗池等功能不一的温泉池。

5. 杜鹃峡。长约8千米的大峡谷贯穿整个景区，溪水自木格措湖口流下，到山脚形成了大约1000米的落差，所以在这一段就形成了瀑布群。在溪流峡谷两岸的原始森林中，尤以成片的原始杜鹃林最有特色。这里的杜鹃品种繁多，据考证有60余个品种，是杜鹃品种分布最集中的地区之一。

6. 木格措（野人海）。木格措（野人海）海拔3780米，是川西北最大的高原湖泊之一。它长约5千米、宽约1.5千米，湖水最深处为70米，因水源大部分是来自雪山融化的雪水，所以湖水清澈，能见度很高。

四、动植物资源

景区有种子植物65科257属679种，其中裸子植物有3科7属14种，被子植物有62科250属665种；野生动物有21目60科184种。

五、建设管理现状

景区由康定木格措旅游实业发展有限公司管理，下设行政办公室、财务科、安全保卫科、门票科、环卫科、督查科、宣传营销科。

色龙仙居旅游景区（国家AAA级旅游景区）

一、地理位置

色龙仙居旅游景区位于康定市东北部的大渡河畔，地处省道S211沿线，面积10平方千米，属金汤孔玉大熊猫栖息地边缘。

二、历史沿革

2019年，被评定为国家AAA级旅游景区；2020年，被评为省级乡村旅游重点村；2022年，被评为天府旅游名村。

三、景观资源

色龙村四面环山，有着“金色山谷”的美誉。景区以谷地生态为本底，以藏族人文为风情，统筹村落、民居、山林、谷地等资源，整体形成了以“古寨村落+农耕田园”为核心，集休闲观光、康养度假等为一体的藏地原乡休闲度假地。

鱼通土司官寨（国家AAA级旅游景区）

一、地理位置

鱼通土司官寨位于康定市麦崩乡，处于鸳鸯坝—姑咱镇—孔玉乡大渡河流域，面积为15平方千米，海拔1400米。这里属温润河谷气候，夏季最高温度不超过28℃，年平均气温15℃，气候宜人，物产丰富，有“金色峡谷，阳光宝地”的“官园”美誉。“鱼通”最早得名于唐代，至今未曾改名，在元、明、清三个朝代相继长达600多年间，一直是各代鱼通土司的属地。

二、历史沿革

2019年，被评定为国家AAA级旅游景区。

三、景观资源

景区以田园乡村风光、农旅生态休闲为主题，游人可以领略到巍峨雪山、峡谷绝险、日照金山、藏寨风情以及厚重的鱼通文化。

若吉民俗村（国家AAA级旅游景区）

一、地理位置

若吉民俗村位于康定市姑咱镇，毗邻省道211线，距离康定市区32千米。这里三面环山，大渡河从村前经过。该村海拔1250米，面积为20平方千米，有着媲美高原的景色，又带着恍若身处平原的闲适，蓝天倒影于碧水，高山葱茏，绿树掩映，光照充足，气候更是怡人。

二、历史沿革

2019年，被评定为国家AAA级旅游景区；2021年，被评定为天府旅游名村。

三、景观资源

若吉民俗村有造型各异的藏式民族建筑，更有高山流水的锦绣风光。“春来踏青赏花，夏来乘凉摘果，秋来观景赏月，冬来休养生息”，无论哪一个季节到这里来，都能满足时下许多都市人回归田园的愿望。

泸定县旅游景区概况

海螺沟（国家AAAAA级旅游景区）

一、地理位置

海螺沟景区位于磨西镇境内，“蜀山之王”贡嘎山东坡是甘孜藏族自治州的东大门，是国道318“最美景观大道”上的璀璨明珠。海螺沟距成都市区280千米，距康定机场97千米，有雅康高速、雅西高速环绕，正在建设的泸石高速可直达海螺沟。景区总面积为226.5平方千米，东至磨西镇游客中心，西至贡嘎山主峰。其地理坐标为东经101°30′~102°15′、北纬29°20′~30°20′。

二、历史沿革

1994年，海螺沟被评为省级旅游度假区；2001年，被评定为国家AAAA级旅游景区；2015年，被评为国家级生态旅游示范区；2017年，被评定为国家AAAAA级旅游景区。

三、景观资源

这里的雪山浩浩荡荡、连绵起伏、气势恢宏，是世界上距离特大城市最近的极高山群；这里拥有亚洲同纬度海拔最低的现代海洋性冰川，形成冰川与森林共存的“绿海”冰川奇景；这里的温泉富含偏硅酸、碳酸氢钙等30多种对人体有益的微量元素，可疗、可饮、可浴，是天然的医疗温泉。

1. 日照金山。海螺沟身处贡嘎山山脚，周围有海拔6000米以上的卫士峰45座，峰上千年积雪，银光闪烁。每当天气晴朗，东方吐白，灿烂的霞光冉冉升起，万道金光从长空中直射卫士峰。瞬间，数十座雪峰全披上一层金灿灿的夺目光芒，光芒万丈，瑰丽辉煌。这就是著名的“日照金山”。

2. 冰川倾泻。在海螺沟海拔较低处就能望见冰川从高峻的峡谷铺泻而下，特别是举世无双的大冰瀑布，高1000多米、宽约1100米，比著名的黄果树瀑布大出10余倍，瑰丽非凡，景象万千。

四、动植物资源

景区垂直落差6500多米，造就了7个垂直气候带谱和8个植被带谱，植物群落丰富，珍稀动物荟萃。景区有植物2500余种，其中珙桐、大王杜鹃等国家重点保护植物38种；有脊椎动物70科、约400余种，其中有大熊猫、扭角羚等国家重点保护动物10多种。这里是我国西部重要的植物区系交汇区、濒危动物栖息地和生物基因宝库，被动植物学家称为“第四纪冰期动植物的避难所”“动植物基因库”。

五、建设管理现状

景区由海螺沟景区管理局管理，在州委、州政府授权范围内独立行使景区（含磨西镇、燕子沟镇）内党务、行政、经济和社会事业管理职责，负责景区内经济开发和社会事业发展。管理局内设景区事务管理科、旅游营销科、旅游质量与标准化建设科等16个科室。

泸定桥旅游景区（国家AAAA级旅游景区）

一、地理位置

泸定桥旅游景区位于泸定县城老城中心，地理坐标为东经102°23′、北纬29°51′。景区占地面积约42公顷，由泸定桥、红军飞夺泸定桥纪念碑公园、红军飞夺泸定桥纪念馆、红军飞夺泸定桥纪念碑、红军飞夺泸定桥战前动员会旧址和二郎山川藏公路纪念馆、川藏公路大渡河悬索桥、勇士路长征文化主题浮雕群等部分组成。这里是全国“长征精神”“两路精神”唯一叠合地，景区内数座从古到今的桥梁见证了300多年川藏交通变迁史，是讲好国家发展故事的典范样本。

二、历史沿革

泸定桥于1961年被国务院核定公布为首批全国重点文物保护单位；2001年被中宣部评为全国爱国主义教育示范基地；2012年被国家国防教育

办公室核定公布为国家国防教育示范基地；2017年获批为国家AAAA级旅游景区；2019年被国家民委命名为第六批全国民族团结进步教育基地。红军飞夺泸定桥战前动员会旧址于2013年由国务院公布为第七批全国重点文物保护单位（并入泸定桥管理）。川藏公路大渡河悬索桥于2019年被国务院核定公布为第八批全国重点文物保护单位。

三、景观资源

风景名胜以文物古迹和革命纪念（博物）馆群落为主。景区内国家重点文物保护单位有泸定桥、红军飞夺泸定桥战前动员会旧址、川藏公路大渡河悬索桥，革命纪念馆（园）有红军飞夺泸定桥纪念馆、二郎山川藏公路纪念馆、红军飞夺泸定桥纪念碑公园，桥梁（活体博物馆）有泸定桥、川藏公路大渡河悬索桥、白日坝水泥桥、康巴大桥、城南大桥、彩虹桥、雅康高速大渡河大桥、川藏铁路大渡河大桥（在建）。

1. 泸定桥。泸定桥建成于公元1706年，是大渡河上建造最早的一座桥梁。桥长101.67米、宽3米，由桥身、桥台、桥亭三部分组成。桥身由13根铁链组成，整座桥用铁达40吨。1935年5月29日，中国工农红军英勇飞夺泸定桥，将泸定桥载入中国革命史和世界军事史，成为中国红色第一桥。

2. 川藏公路大渡河悬索桥。该桥建成于1950年5月，东西桥头塔高16米，桥长132米、宽4.5米。东西桥头塔分别有朱德元帅、时任西康省政府主席廖志高题写的桥联和刘伯承元帅题写的桥名；西桥头索井崖壁刻有三道屏墙，左边为中国人民解放军第十八军军长张国华、政委谭冠三撰写的建桥碑文，中间为毛泽东同志的《七律·长征》诗，右边为建桥工程说明。

3. 红军飞夺泸定桥战前动员会旧址。该旧址原为1919年法国传教士修建的天主教堂，占地面积448平方米。1935年5月29日，中国工农红军飞夺泸定桥前夕，左路军红四团团长王开湘、政委杨成武在此召开全团干部动员会，布置夺桥任务，并确定了一营二连组成突击队，为飞夺泸定桥任务的完成做了思想上和组织上的充分准备。1935年5月30日下午，毛泽东同志在此休息，看望伤员，听取夺桥汇报。该建筑曾于2005年按原样进行部分修复。

4. 红军飞夺泸定桥纪念碑公园。公园坐落于泸定县城西南，主体建筑包括红军飞夺泸定桥纪念碑、红军飞夺泸定桥纪念馆等。

5. 红军飞夺泸定桥纪念碑。纪念碑建成于1986年10月，邓小平同志题写碑名，聂荣臻同志撰写碑文。主碑运用铁锁链的几何变体，象征革命的武装斗争，底座平台又着重表现红军战士日夜兼程急行军后疲乏而又顽强的战斗姿态。碑内分八层，每层均装饰了以“藏汉团结”“红军长征”为主题的大幅壁画。

6. 红军飞夺泸定桥纪念馆。该纪念馆前身为原泸定桥革命文物陈列馆，建于2005年5月，建筑面积4448.98平方米。馆内共计展示各类历史文物、图片、资料等400余件，馆藏文物有650件。馆内展览以红军长征历史为主线，用编年体陈列与专题陈列相结合的形式，综合利用声、光、电等新技术，全面反映红军长征在四川的历史，突出展现红军“惊、险、奇、绝”飞夺泸定桥的英雄壮举和红军长征在甘孜的重要活动，弘扬伟大的长征精神。纪念馆分别于2015年、2022年进行了全面的展陈提升，布展共分两层，展陈面积为4247平方米。

7. 观音阁。观音阁建于明朝川藏茶马古道（泸定段）改道路经泸定之后。1935年，中国工农红军长征飞夺泸定桥战斗中，在观音阁设炮兵和机枪阵地，伴随着在此的火力压制掩护，红军的22位勇士从13根铁索上奋勇攀爬，英勇夺桥。

8. 飞夺泸定桥雕塑群。雕塑群全长400米，通过“飞”“夺”“勇”三个主题，讲述了红四团临危受命，昼夜急行军240里，“惊、险、奇、绝”飞夺泸定桥这一史实，是国内规模最大的红色主题雕塑作品。

四、建设管理现状

景区由四川省能投文化旅游开发集团有限公司泸定分公司建设发展。公司下设置综合管理部、经营管理部、工程建设部、财务管理部4个部门，负责景区日常运营管理。

磨岗岭中国最北彝寨景区（国家AAA级旅游景区）

一、地理位置

磨岗岭中国最北彝寨景区位于磨西镇磨岗岭村，距磨西镇9千米，紧邻海螺沟景区。

二、历史沿革

2018年12月，被评定为国家AAA级旅游景区。

三、景观资源

景区紧临海螺沟景区，拥有红军长征小路遗址和最北彝寨等丰富的自然景观资源和红色旅游资源。

兴隆镇天下和平景区（国家AAA级旅游景区）

一、地理位置

兴隆镇天下和平景区位于兴隆镇和平村，距泸定县城31千米，距兴隆镇政府7千米。其地理坐标为东经102° 28′、北纬29° 57′，平均海拔1500米。和平村属高半山村，被誉为“牛背山下第一村”，占地约7.7平方千米。

二、历史沿革

2020年，被评定为国家AAA级旅游景区。

三、景观资源

景区依托牛背山优美自然风光的旅游资源优势，借助得天独厚的地理条件，合理整合土地资源，以“春赏花、夏避暑、秋品果、冬沐阳”为主题，发展了民宿等“旅游+”新业态。

杵坭樱桃谷景区（国家AAA级旅游景区）

一、地理位置

杵坭樱桃谷景区位于冷碛镇杵坭村，地理坐标为东经102° 20′、北纬29° 80′，距泸定县城17千米，总面积1.2平方千米。

二、历史沿革

2019年，被评定为国家AAA级旅游景区。

三、景观资源

景区内种植有中国红樱桃600余亩，泸定仙桃800亩，桃子300余亩，是中国果蔬协会命名的“中国红樱桃之乡”的核心地，也是省林业厅命名的省级森林小镇，更是泸定县规划建设的大渡河沿岸康养旅游带的先行示范区。自2011年以来连续举办乡村旅游·红樱桃节。

海子山居景区（国家AAA级旅游景区）

一、地理位置

海子山居景区位于泸定县城西侧偏北方向，距泸定县城6.5千米，地理坐标为东经102° 21′、北纬29° 90′。

二、历史沿革

2020年，被评定为国家AAA级旅游景区。

三、景观资源

景区平均海拔为1600米，因有一个天然形成的“海子”，且境内耕地如梯田一般呈环状分布而得名。这里是泸定县“成都后花园康养加休闲——甘孜州大渡河流域乡村振兴示范区”建设重点打造点位之一，形成了镇村一体、产村相融、农旅融合发展的良好态势。

石棉县旅游景区概况

安顺场景区（国家AAAA级旅游景区）

一、地理位置

安顺场景区位于安顺场镇，距县城11千米。景区面朝大渡河，倚松林河，背靠马鞍山、营盘山，具有独特的地理优势。其地理坐标为东经102° 36′ 、北纬29° 23′ 。区内文化资源类型多样，汉、藏、彝等民族风情浓郁，各民族的建筑、服饰、歌舞、饮食、民间工艺特色鲜明，是全国首批100个红色旅游精品景区和30条精品路线之一。景区规划面积2.4平方千米，建成区面积1.5平方千米。

二、历史沿革

1980年，被列为“四川省文物保护单位”；1996年，被命名为“全国中小学生百个爱国主义教育基地”；2001年，被命名为“全国爱国主义教育示范基地”；2002年，被评为“四川省历史文化名镇”；2006年，被列为“全国重点文物保护单位”“四川省优秀青少年爱国主义教育基地”；2011年，被列为“四川省廉政教育基地”；2012年，被授予“四川省民族团结进步教育基地”；2013年6月，评定为国家AAAA级旅游景区；2014年，被评为全国优秀社科普及基地；2016年，被评为四川省廉政文化进景区示范点；2018年，被评为四川十大红色文化地标；2020年，被评为四川省省级水利风景区；2021年，被评为天府旅游名镇、全省十大魅力乡镇、天府旅游名村、全国乡村旅游重点村。

三、景观资源

景区内主要景点有中国工农红军强渡大渡河指挥楼、中国工农红军强渡大渡河纪念馆、中国工农红军强渡大渡河纪念碑、红军渡、安顺古街等。

景区以马鞍山、营盘山等为整体背景，区内有大渡河、松林河蜿蜒穿过，现代农业观光果园点缀其中，形成了一幅秀美的自然山水风光画卷。景区气候条件较好，属中纬度亚热季风气候，降雨量大，年均日照约1300小时，具有冬无严寒、夏无酷暑的特点。域内生活居住着汉、彝、藏等多种民族，民族风情浓郁、历史文化深厚、自然风光秀丽是对安顺场景区旅游资源的最好诠释。

四、建设管理现状

由安顺场旅游景区管理委员会建设管理。

王岗坪景区（国家AAAA级旅游景区）

一、地理位置

王岗坪景区位于王岗坪乡，整个景区生态保护控制范围共85平方千米，总规划面积37平方千米，地理位置为东经102° 43′ 、北纬29° 38′ 。景区是全国距离千万人口中心城市最近的高山观景平台之一，也是从成都出发沿318线的第一个雪山观景平台。

二、历史沿革

王岗坪景区是汉代雅州第一“省会”——牦牛县古县址。景区项目建设于2017年启动一期建设，2022年2月被评定为国家AAAA级旅游景区。

三、景观资源

景区旅游资源覆盖7大主类、18个亚类、33个基本类型、98个资源单体。其中自然资源种类丰富，随海拔高度升高变化，有苔藓、高山草甸、高山杜鹃、红石、箭竹、原始森林等；地质类型多样，有雪山、悬崖、台地等；气象资源独特，云瀑雾凇，春夏秋冬，景色各异，四季更替；山地滑雪资源利用价值大，高端酒店融入自然；牦牛古城遗址犹在，藏彝民族文化交织，形成独特的人文景观。

景区拥有全国落差最大的观光索道，直线距离30千米，正C位直面贡嘎山东南面，可以观赏5000米以上群峰200多座，以及“云端索道”“日照金山”“月照银山”“浩瀚星空”“杜鹃花海”“佛光圣灯”“云瀑云海”“冰雕雾凇”“雪山牧场”“原始丛林”“金色小熊猫”“贡嘎旗云”“星空屋”“太空舱”“云端上的牦牛古城”等众多自然风光和旅游奇观，是川西最大自然观景平台。景区围绕“星空下的雪山盛宴，云端上的度假天堂”，致力打造一个唯美的童话世界。

四、建设管理现状

四川王岗坪旅游开发有限公司成立于2015年6月，是一家中外合资的有限责任公司。公司设总经办、办公室、财务部、保障部、工程部、索道站、营销中心、景区运营中心8个部门及牦牛道文化有限公司、运输公司、君澜酒店3个全资子公司。

蟹螺堡子（国家AAA级旅游景区）

一、地理位置

蟹螺堡子位于石棉县城以西24千米的松林河流域，地理坐标为东经102° 26′、北纬29° 22′，面积为24平方千米，海拔1450米。

二、历史沿革

蟹螺堡子先后被评为四川省民族团结进步示范村、四川省乡村旅游示范村、四川省乡村旅游精品村寨、雅安市首批休闲农业和乡村旅游示范村，2018年，被评定为国家AAA级旅游景区。

三、景观资源

蟹螺堡子具有浓厚的尔苏藏族文化气息，被誉为古老民族的“活化石”，这里依然保持着传统的生活习性，就像不染尘嚣的世外桃源。蟹螺堡子是全县尔苏藏族最大集聚地，也是四川省尔苏藏族文化研究的中心之一。这里是全省首批非物质文化遗产——古扎子祝福节（环山鸡节）的核心区，也是第八批省级文物保护单位、中国首批“传统村落”、省级历史文化名村。尔苏藏族民歌《觉里曼姆》、尔苏藏族与木雅藏族的《母虎历法》被列入第三批雅安市市级非遗名录，尔苏藏族民歌“萨里安多曼”、传统技艺尔苏刺绣技艺被列入县级非遗名录。

尔苏藏族是我国藏族人口较少的一个分支，尔苏文化在蟹螺堡子保存较为完整，其歌舞、饮食、节庆、民居都具有地域特色。每年农历八月中旬是他们最为重大的节日——环山鸡节。这一天是尔苏人祭奠祖先的节日，他们盛装出席，聚集在广场上，用米酒迎接远道而来的游客，唱起欢迎客人的民族歌曲，跳着尔苏藏族民族舞蹈，原生态的民族文化可以让游客体验古老的民族风情。如今，一座崭新的蟹螺藏寨拔地而起，让蟹螺堡子更显古朴、神奇、雄伟，不断完善的旅游设施和旅游服务水平不仅让游客宾至如归，也让游客感受着藏寨的古朴与厚重。

三索窝景区（国家AAA级旅游景区）

一、地理位置

三索窝景区位于石棉县东北部的迎政乡，距县城25千米，地理坐标为东经102° 24′ 、北纬29° 17′ 。其背靠绵延群山，前邻奔腾大渡河，海拔1420米，是典型的中高山村。

二、历史沿革

2016年，被评定为国家AAA级旅游景区。

三、景观资源

三索窝景区整体建筑风貌为川西民居风格，地方文化特色突出。三索窝新村风景秀丽、环境优美，背靠关家山，前邻迎新路，中心有神秘“圣泉”，四周海子鱼塘环绕，还有一株千年酸枣树。近年来，三索窝景区大力发展乡村旅游和旅游产业扶贫，已形成以安置居住、农旅联动为主，兼顾农产品营销、特色文化展示、农家休闲旅游等第三产业综合开发的发展模式。

七里坝（国家AAA级旅游景区）

一、地理位置

七里坝位于石棉县城北部，距县城32千米，地理坐标为东经102° 24′ 、北纬29° 42′ ，被称为“石棉北大门”“藏彝走廊上的美丽驿站”。

二、历史沿革

七里坝新村为“4・20”芦山地震灾后重建集中安置旅游新村，于2014年1月28日建成搬迁入住，为雅安市首个建成入驻的“4・20”灾后新村重建点；2016年，被评定为国家AAA级旅游景区。

三、景观资源

七里坝以藏式民居为特色遗存建筑，其外墙采用拉槽，喷真石漆，附回形纹、圆形木桩，凸显藏族特色，外墙颜色与黄果柑颜色和谐统一，是升级版的新农村。

广元堡川矿记忆景区（国家AAA级旅游景区）

一、地理位置

广元堡川矿记忆景区位于海子山下，距石棉县城3.5千米。景区规划建设面积为2平方千米。

二、历史沿革

2019年，被评定为国家AAA级旅游景区；2021年，被命名为四川省中共党史教育基地。

三、景观资源

景区由工业博物馆区、全省模范坑道“1248”坑道、群雕像“开天辟地”“沸腾的矿山”以及川矿矿山生产机械设备、文物遗存“忠字碑”、“石棉”碑林等文物建筑、工业遗迹组成，全面展示川矿历史文化，充分诠释“不怕牺牲、艰苦创业、顽强拼搏、奋力开拓”的川矿精神遗产。工业博物馆是由原四川石棉矿三分矿办公区改建而成，是雅安市首个工业博物馆。

汉源县旅游景区概况

花海果乡（国家AAAA级旅游景区）

一、地理位置

花海果乡景区位于九襄镇，地理坐标为东经102° 63′ ~102° 64′ 、北纬29° 48′ ~29° 49′ ，总面积为80公顷。

二、历史沿革

2015年，被批准为国家AAAA级旅游景区。

三、景观资源

景区包括九襄梨花山坞、双溪申沟桃园、清溪文庙（清溪古城）、大田花果流香、鹤舞田园、锦绣田园6个景点，面积超12万亩，是目前国内面积最大、景色最美、最有乡土气息的乡村休闲旅游景区之一。

（一）九襄梨花山坞

九襄梨花山坞位于九襄镇三强村、红光村、梨花村。从20世纪50年代开始，九襄镇、大田乡等地便开始种植梨树。这里的种植业是立体农业模式，田种蒜苗、水种稻，田埂栽种树。现在当地家家户户都种梨树，有100多个品种、十多万亩梨树。景区内设置了花神广场、翠田探花观花区和幸福康庄观花区，有花都大道、梨景小道、赏梨小径、醉雪小径等主要观花道。汉源金花梨果实大，平均每个梨重达400克左右，果实呈圆形或长圆形，果皮绿黄色，果心小，可食率88.5%，果肉白色，质地细腻、松脆、汁多，味道浓甜、馨香。汉源金花梨于1984年获得四川省资源调查鉴评第一名；1989年、1994年、1996年、1999年在四川省梨子评比中名列白梨系统第一，并获优质证书；1995年荣获全国第二届农业博览会金奖。四川省已把金花梨列为全省大力发展的优质品种之一。

（二）双溪申沟桃源

双溪申沟桃源位于双溪乡申沟村，全村面积9平方千米，种植桃树约13000亩，桃子已经成为当地百姓的主要收入来源。2012年，双溪乡申沟村被评为四川省乡村旅游示范村。每到阳春三月，双溪的桃花漫山遍野，胜似朝霞，成片成片的桃花连在一起，与四周的青山相呼应，蔚为壮观。景点览胜台，又名“桃花结缘台”，从山下到山顶，有520级台阶，取“我爱你”之意。站在面积达800多平方米的看台上，九襄田园风光、双溪万亩桃源尽收眼底，诗情画意，油然而生；有情人在这里逛桃花源，撞桃花运，结桃花缘。整个景区的核心万亩桃源，桃的品种主要是无毛桃、白凤桃、重阳桃，特点是采摘期时间长，从6月底可以持续到10月（无毛桃6~7月为成熟期，白凤桃7~8月为成熟期，重阳桃9~10月为成熟期）。每年的4月、7月，双溪乡政府还会组织举办“桃花节”“蟠桃会”，打响双溪赏桃花、品蟠桃的乡村旅游品牌。

（三）清溪文庙

清溪文庙又称孔庙，古称学宫，位于清溪古城东北隅。其始建于1729年，于1799年迁建今址。文庙以大成殿为中心，分九大院落、三大部位，占地5145平方米。它是雅安市唯一一座保存完整的孔庙，是全省仅存的8所文庙之一，2002年被列为省级文物保护单位。

文庙中的“万仞宫墙”，虽已色彩斑驳，但仍有皇宫般的气势。传说墙内砌有状元门，要出了状元才能开启。万仞宫墙正东方是圣城门，为文人墨客进庙的专用通道；南方是贤关门，是地方官员的进出通道。接着就是“棂星门”，坊顶4根龙缠柱冲天而立，似4支神笔直指苍穹。坊身布满浮雕，“双龙抢宝”“丹凤朝阳”灵动逼真。四周精致的石雕门框上“新科状元打马游街”和“武状元受人恭贺”的场景惟妙惟肖。整个牌坊镂空雕饰，精妙无比。文庙的核心是大成殿，殿宽5间，进深3间，长21.3米、深10.5米、高11米，采用歇山顶式斗拱重檐，方砖铺地。殿内供有孔子和“四配”（颜子、曾子、子思、孟子）的塑像。左右有浮雕6幅，分别为“尼山降圣”“著书立说”“杏坛讲学”“问礼老聃”“周游列国”“孟母教子”。大成殿两旁的亭子名为金声、玉振。第三进为后殿崇圣，是供奉孔子五世祖及其配享人物的殿堂。

（四）大田花果流香

大田花果流香主要是鸡冠山和大田乡的山地，海拔在1200~1820米，光热资源丰富，水果品种丰富，花期长，水果采摘期长，且土地肥沃，种植业发展好。现拥有果园面积2.5万余亩，栽种了苹果、李子、梨、桃子、大樱桃等多种品质优良的水果，号称“万亩花海（果园）”。

（五）鹤舞田园

鹤舞田园位于流沙河畔，以“微田园”为建设理念。2012年，鹤舞田园修建民俗文化长廊，有4个休息亭，在每个休息亭外墙上都有汉源历史及民俗介绍，向大家展示汉源风土人情。其中沿流沙河修建的滨河步游道、流沙河吊桥已成为整个鹤舞田园的标志性建筑。

（六）锦绣田园

锦绣田园的核心区是由四川瀑布沟农业有限公司与汉源县人民政府在前城乡和大田乡共同建设的占地260亩的汉源县现代农业核心示范园区，已经建成高端连栋大棚60亩，简易连栋大棚200亩，建设有园区景观道路、排水沟渠、冷库、农产品检测中心、有机营养液生产中心、瓜果长廊、创意农业、景观农业、温室餐厅、生态茶吧、生态办公室、会议室。

四、建设管理现状

景区设一个管委会，由各景点所在乡镇配合管委会统一管理景区。

月亮湾·金钟山景区（国家AAA级旅游景区）

一、地理位置

月亮湾·金钟山景区位于大树镇，距成都市区235千米，距离雅安市区105千米，距雅西高速汉源北出口16千米，距汉源县城8.5千米，交通便利，可进入性强。规划建设范围主要涉及大树镇月亮湾葡萄园和金钟山两个区域，面积约1675.22亩。

二、历史沿革

2019年，被评定为国家AAA级旅游景区。

三、景观资源

景区以汉源湖水域景观和金钟山山地景观为核心，以麦坪文化遗址、红军广场、千亩葡萄观光采摘园和原乡村落为支撑，以山、水、林、田、湖及阳光、气候构成的生态系统为背景，已逐步成为集历史文化遗迹、红色文化、自然风光、农事体验和水果采摘等于一体的旅游目的地。

中国花椒博览园（国家AAA级旅游景区）

一、地理位置

中国花椒博览园位于九襄镇和唐家镇交界处，规划面积3.09平方千米。园区距汉源县城17千米，距雅安市区约87千米，距成都市区约217千米。

二、历史沿革

汉源种植花椒的历史可追溯至4000年前，是中国少有的本土香辛料（辣椒、胡椒等皆为舶来品），有娃娃椒（因形象得名）、黎椒（汉源古称黎州）等称谓。2001年，汉源县获“中国花椒之乡”称号；2005年，“汉源花椒”刊载于《中国地理标志保护产品大典》向国际推介，汉源花椒同时也是目前唯一的省级“非遗”农产品。2021年，该博览园被评定为国家AAA级旅游景区。

三、景观资源

景区总体布局为一园三区，即花椒工业旅游体验园、花椒王国游乐园、花椒研学体验区和花椒养生度假区。目前有花椒博物馆、汉源花椒交易市场、甘溪河休闲栈道等景点。

汉源体育公园（国家AA级旅游景区）

一、地理位置

汉源体育公园位于富林镇滨湖大道226号，地理坐标为北纬29° 20′ 、东经102° 38′ 。公园总占地面积为30468平方米，其中体育馆占地面积为10458.16平方米，汉源县全民健身中心占地面积为20010平方米。

二、历史沿革

2014年，汉源体育公园投入使用；2016年，被评定为国家AA级旅游景区。

三、景观资源

公园包括体育馆和全民健身中心，是集运动、健身、休闲、娱乐、全民健身、紧急避难为一体的城市运动公园。

甘洛县旅游景区概况

梨李芬芳景区（国家AAA级旅游景区）

一、地理位置

梨李芬芳景区地处甘洛中西部的高二半山区，距县城18千米，面积为6.6平方千米，是甘洛县第一个以农业发展和旅游结合的旅游景区。

二、历史沿革

2022年，被评定为国家AAA级旅游景区。

三、景观资源

景区以赏花、采摘、农事体验、亲子游乐、康养为一体，打造了不同的景观景点，包括设施农业区、梨资源展示区、采摘区等。

金口河区旅游景区概况

大渡河金口大峡谷（国家AAAA级景区）

一、地理位置

大渡河金口大峡谷景区位于雅安市汉源县、凉山州甘洛县、乐山市金口河区三市（州）交汇处，总面积约为30.4平方千米，其中核心区面积为3.35平方千米。景区地理坐标为东经102° 97′ ~103° 06′ 、北纬29° 32′ ~29° 22′ 。

二、历史沿革

2001年，被国土资源部批准命名为四川大渡河峡谷国家地质公园；2005年，大渡河峡谷被《中国国家地理》杂志社评选为“中国最美的十大峡谷”之一；2014年，被水利部批准为大渡河金口大峡谷国家水利风景区；2017年，被评定为国家AAA级旅游景区；2019年，被评定为国家AAAA级旅游景区；2021年，成为全省红色旅游重点推荐线路之一。

三、景观资源

1. 大渡河金口大峡谷，长26千米，平均谷宽150米；最大谷深2656米，比美国科罗拉多大峡谷深近千米，是长江三峡的2倍；最窄处仅10米，比曾公布的世界最窄虎跳峡峡谷还窄20米。金口河段是整个大峡谷中最险、最窄、最深、最奇、最幽的一段。通过乘坐“大峡谷号”游船以及无人机飞行器航拍，能够更加直观清楚地欣赏到壮美的大峡谷景观。

2. 大渡河左岸的深溪沟、老昌沟、白熊沟、丁木沟、顺水河，右岸的毛不耳沟、宝水溪等，这些景色极为绮丽的支沟隘谷，是徒步穿越、溯溪或降溪探险的胜地。

3. 白熊沟谷长4000余米、深2000余米，以“一线天”景观最为著名。谷中两山之间仅隔20余米，向上望去，天空似乎变成了一片小小的竹叶。

四、动植物资源

景区有野生动植物上千种，被英国著名植物学家威尔逊称为“自然生态博物馆”和“野生动植物基因库”，主要有林麝、白腹锦鸡、山鹧鸪、大灵猫、黑颈鹤、岩羊、小熊猫、短尾猴、羚牛等野生动物和珙桐、红豆杉等珍稀植物。

五、建设管理现状

乐山市金口河区金旅旅游开发有限公司为景区建设和运营管理主体，负责旅游景区项目投资开发、建设、经营、服务工作。

花溪曙光旅游景区（国家AA级旅游景区）

一、地理位置

花溪曙光旅游景区位于金河镇曙光村，地理坐标为东经103° 11′ ~103° 12′ 、北纬29° 33′ ~29° 34′ 。景区总面积为22.59平方千米，其中核心区面积约0.04平方千米。

二、历史沿革

2018年，被评定为国家AA级旅游景区。

三、景观资源

曙光村按照“春赏花、夏品果、秋观花、冬玩雪”的目标，全力打造产村相融、农旅结合的“花溪曙光”，成功创建为四川旅游扶贫示范村。

水墨顺河旅游景区（国家AA级旅游景区）

一、地理位置

水墨顺河旅游景区位于永胜乡顺河村，地理坐标为东经103° 08′ ~103° 09′ 、北纬29° 34′ ~29° 35′ 。景区总面积为9.13平方千米，其中核心区面积约0.06平方千米。这里是通往金口河区大瓦山风景区的交通要道，是进入景区的门户。

二、历史沿革

2018年，被评定为国家AA级旅游景区。

三、景观资源

顺河村海拔1300米，三面群山环绕、一泉溪水沿村而下，小桥流水人家在自然弯曲延伸的村道上缓缓舒展开来，疏密相间、错落有致，与自然风景交相辉映，“水墨顺河”因此而得名。

五彩天池旅游景区（国家AA级旅游景区）

一、地理位置

五彩天池旅游景区位于永胜乡瓦山村，地理坐标为东经102° 49′ ~ 103° 03′ 、北纬29° 37′ ~29° 40′ 。景区总面积约19平方千米，其中核心区面积约5平方千米。

二、历史沿革

2018年，被评定为国家AA级旅游景区。

三、景观资源

景区由大瓦山脚的大天池、干池、小天池、高粱池和鱼池五大相连的高山天然湖泊组成，这些湖泊呈带状分布，连为一体。

峨边县旅游景区概况

黑竹沟景区（国家AAAA级旅游景区）

一、地理位置

黑竹沟景区位于黑竹沟镇，西至峨边县、甘洛县界，西北至峨边县、金口河区界，北含老鹰山，东至哈曲乡界，东南部包含万坪乡小部分范围，南至峨边县、美姑县界。其地理坐标为东经102° 54′ ~103° 10′ 、北纬28° 45′ ~29° 6′ 。景区总面积为575平方千米，其中核心区面积为120.1平方千米，占景区总面积的20.9%。

二、历史沿革

1996年，被批准为省级风景名胜区；2000年，被批准为国家级森林公园；2011年，被评定为国家AAAA级旅游景区。

三、景观资源

景区的景观资源可概括为：珍稀的原始森林、壮阔的杜鹃花海、苍莽的高山草甸、壮观的峰林石丛、生动的泉溪潭瀑、雄伟的脊峰峡谷、奇幻的天景天象、浓厚的彝族文化。

景区内共109个景点。按类型包括人文景点21个、自然景点88个；按级别包括特级景点8个、一级景点18个、二级景点28个、三级景点27个、四级景点28个。

四、动植物资源

景区内植被保存较为完整，植物种类丰富，国家重点保护植物有珙桐、红豆杉、南方红豆杉、水杉、银杏。植被分布具有明显的垂直地带性，大体可划分为6个垂直带，海拔1500米以下主要为低山常绿阔叶林，海拔1500~2000米主要为中山常绿阔叶林，海拔2000~2400米主要为常绿、落叶阔叶混交林，海拔2400~2800米主要为落叶阔叶林或针阔混交林，海拔

2800~3500米主要为亚高山针叶林，海拔3500米以上为亚高山灌丛或亚高山草甸。

景区内有哺乳动物27科77种，其中国家重点保护动物有大熊猫、豹、林麝、羚牛；鸟类有15目49科137属268种，其中国家重点保护鸟类有21种；两栖动物有9属7科17种，爬行动物有10属4科15种，鱼类有4科12属13种。

五、建设管理现状

设立有黑竹沟风景名胜区管理委员会，有4个业务科室，分别是办公室、规划科、宣传营销科、建设科。

乾池桃博园旅游景区（国家AAA级旅游景区）

一、地理位置

乾池桃博园旅游景区位于沙坪镇河沟村，规划范围东至平安路中段，南至河沟村五组，西至桑坪，北至学坝路与景阳路交叉口，总面积约0.83平方千米。

二、历史沿革

2022年，被评定为国家AAA级旅游景区。

三、景观资源

景区打造了百亩玫瑰梯田、百亩桃林、桃博园展厅、特色民宿等，是一个集科普文化、运动健身、休闲观光等于一体的运动文化主题公园。

哈曲解放彝寨（国家AA级旅游景区）

一、地理位置

哈曲解放彝寨位于黑竹沟镇解放村2组，距乐山大佛92.8千米、峨眉山68.8千米、峨边县城50千米、黑竹沟景区5千米。景区总面积为80800平方米，其中建筑面积为16200平方米。乡风民俗是景区一大亮点。

二、历史沿革

哈曲彝寨建于2010年；2014年，被评定为国家AA级旅游景区。

底底古村（国家AA级旅游景区）

一、地理位置

底底古村位于峨边县西南部，紧邻黑竹沟景区，距离峨边县城53千米。底底古村总面积为5平方千米，平均海拔1080米，年平均气温16.5℃。

二、历史沿革

2018年，被评定为国家AA级旅游景区；2019年，入选全国乡村旅游重点村；2021年，被评为“天府旅游名村”。

三、景观资源

底底古村属纯彝族村，村内民居建筑以红、黄、黑三色为主，色彩鲜明亮丽。底底古村拥有丰富多彩的民族民间美食、文化和活动，代表性的有泡水酒、坨坨肉等美食和彝族新年等民俗文化活动。

五渡先锋新寨（国家AA级旅游景区）

一、地理位置

先锋村地处五渡镇，距县城31千米，西与毛坪镇老丫村、灵凤村接壤，北与沙湾区范店乡和峨眉山市龙门乡隔河相望。2012年，村里新建住房39户、改建54户，建成集中连片、古色古香的充满川西民居特色的彝家新寨，面积达1.3平方千米。

二、历史沿革

2018年，被评定为国家级AA级旅游景区。

三、景观资源

景区先后打造了“激流勇进”“烟波月上”“峥嵘岁月”“国色天香”“红雨古渡”等8个景点，并依托大渡河沿岸的秀美山水风光，建成一条全长36千米的慢行骑道。

峨眉山市旅游景区概况

峨眉山景区（国家AAAAA级旅游景区）

一、地理位置

峨眉山景区地理坐标为东经103° 19′ ~103° 27′ 、北纬29° 28′ ~29° 36′ 。东至黄湾乡唐河坝，西至峨眉与洪雅交界处，北至黄湾乡尖峰顶，南至万公山。景区总面积为154平方千米，其中核心区（金顶、洗象池、万年寺、清音阁、神水阁、报国寺和四季坪7个景区）面积为93平方千米。

二、历史沿革

1982年，被列入第一批国家级风景名胜区名单；1996年，峨眉山—乐山大佛被列入联合国教科文组织的《世界遗产名录》；2007年，被批准为国家AAAAA级旅游景区。

三、景观资源

峨眉山平畴突起，巍峨、秀丽、古老、神奇。它以优美的自然风光、悠久的佛教文化、丰富的动植物资源和独特的地质地貌闻名于世。

（一）优美的自然风光

峨眉山景色秀丽、气象万千，素有“一山有四季，十里不同天”之妙喻。清代诗人谭钟岳将峨眉山佳景概括为十景：“金顶祥光”“象池夜月”“九老仙府”“洪椿晓雨”“白水秋风”“双桥清音”“大坪霁雪”“灵岩叠翠”“萝峰晴云”“圣积晚钟”。现在又新辟了“珠湖拥翠”“虎溪听泉”“龙江栈道”“龙门飞瀑”“雷洞烟云”等新景观，无不引人入胜。进入山中，重峦叠嶂，古木参天；峰回路转，云段桥连；涧深谷幽，天光一线；万壑飞流，水声潺潺；仙雀鸣唱，彩蝶翩翩；灵猴嬉戏，琴蛙奏弹；奇花铺径，别有洞天。春季万物萌动，郁郁葱葱；夏季百花争艳，姹紫嫣红；秋季红叶满山，五彩缤纷；冬季银装素裹，白雪皑皑。登临金顶极目远望，视野宽阔无比，景色十分壮丽。观日出、云海、佛光、晚霞，令人心旷神怡；西眺皑皑雪峰，山连天际；南望万佛顶，云涛滚滚，气势恢宏；北瞰百里平川，如铺锦绣，大渡河、青衣江尽收眼底。置身峨眉之巅，真有“一览众山小”之感。

（二）悠久的佛教文化

峨眉山被视为普贤菩萨道场，是我国佛教四大圣地之一。相传佛教于公元1世纪即传入峨眉山。近2000年的佛教发展历程，给峨眉山留下了丰富的佛教文化遗产，造就了许多高僧大德，使峨眉山逐步成为中国乃至世界影响力极大的佛教圣地。全山共有寺庙近30座，其中著名的有报国寺、伏虎寺、清音阁、洪椿坪、仙峰寺、洗象池、华藏寺、万年寺等。寺庙中的佛教造像有泥塑、木雕、玉刻、铜铁铸、瓷制、脱纱等，造型生动，工艺精湛。如万年寺的铜铸“普贤骑象”，堪称山中一绝，为国家一级保护文物。峨眉山佛教音乐丰富多彩，独树一帜。

（三）丰富的动植物资源

峨眉山终年常绿，素有“古老的植物王国”之美称。由于特殊的地形、充沛的雨量、多样的气候和复杂的土壤结构，为各类生物物种的生长繁衍创造了绝好的生态环境。在峨眉山生长着高等植物3200多种，占中国物种总数的1/10，相当于整个欧洲植物种类的总和。在峨眉山生长的植物中，有被称为植物活化石的珙桐、桫椤，有著名的峨眉冷杉、桢楠、洪椿，有品种繁多的兰花、杜鹃花等，还有许多名贵的药用植物和成片的竹林。这些植物为峨眉山披上秀色，还给各类动物创造了一个天然的乐园。峨眉山有2300多种野生动物，其中有珍稀的大熊猫、黑獾、小熊猫、短尾猴、白鹇鸡、枯叶蝶、弹琴蛙、环毛大蚯蚓等。特别是见人不惊、与人同乐的峨眉山猴群，已成为峨眉山中别具一格的“活景观”。

（四）神奇的地质博物馆

中国地质史上中生代末期的燕山运动奠定了峨眉山地质构造的轮廓，新构造期的喜马拉雅运动，及其伴随的青藏高原的强烈抬升，造就了雄秀壮丽的峨眉山。峨眉山地层出露较全，在全世界出露的13个系的地层中，除缺失志留系、泥盆系和石炭系外，其余10个系均有出露。由于山体抬升具有间歇性和各断层抬升速度不同，导致峨眉山整体地貌是西南方向高山峻岭，东北方向则为低缓的浅丘平原。人们常称峨眉山是“三大层七小层”，即接引殿为第三层之麓，洗象池为第二层之麓，报国寺为第一层之麓。大自然的内外着力雕刻，创作出了无数奇特秀丽的景观，把峨眉山打扮得绚丽多姿，使“雄、秀、奇、幽、险”集于一山之中。

四、建设管理现状

峨眉山风景名胜区管理委员会是峨眉山风景名胜区、峨眉山世界自然和文化遗产的管理机构。

大佛禅院佛教文化旅游区（国家AAAA级旅游景区）

一、地理位置

大佛禅院佛教文化旅游区位于峨眉山市区东郊，总占地面积1990亩，其中大佛禅院478亩、市政公园绿化区720亩、菩提公园192亩、象城200亩、文化广场100亩。旅游区由“一心多区”组成，即：大佛禅院及入口综合服务区、佛教文化体验区、宗教朝拜区、佛教文化禅休区、城市休闲娱乐区、市政公园绿化区。

二、历史沿革

大佛禅院始建于明代（史称大佛寺），后遭损毁；1998年，大佛禅院恢复工程正式破土动工；2008年，正式对外开放；2011年，被评定为国家AAAA级旅游景区。

三、景观资源

大佛禅院佛教旅游度假区整体布局分为三大功能区域，北面（临市区）是佛教朝拜区，即宗教仪式空间；中部是佛教园林文化共享区；南面为佛教院校教育区，即四川佛学院。朝拜区主体建筑坐西向东，十一进院落，沿中轴线依次由牌坊、大光明街、山门、孔雀明王殿、弥勒殿、地藏殿、药师殿、文殊殿、观音殿、普贤殿、大雄宝殿、藏经楼、巨型照壁、光明山等组成，坐十一级平台，前后高差33米；中部的公共园林区，峨眉书院镶嵌其中，园林中依次分布着妙觉莲池、等觉莲池和圆觉莲池3个巨大的放生池塘，梯级相连，占地百余亩，一年四季免费对公众开放，客观上发挥了城市公园的功能；南面的文化教育区，内有四川峨眉山佛学院、大光明讲堂、图书馆等。

四、建设管理现状

景区由峨眉山市文体旅游局负责协调管理，由佛协和寺庙方管理大佛禅院，中信国安负责象城商业街日常管理工作。

旅博天地旅游景区（国家AAAA级旅游景区）

一、地理位置

旅博天地旅游景区位于峨眉山市区，是东部新区的核心部分，沿峨眉河畔分布。景区距成绵乐城际火车站900米，距成都市区130千米。景区总面积为1300亩，规划建筑约36万平方米，由旅博中心—旅博广场、旅博购物中心、水晶广场、旅博风情街、旅博公园、东湖湿地公园以及翡丽湖湾构成。

二、历史沿革

2016年，被评定为国家AAAA级旅游景区。

三、景观资源

景区是集文化、旅游、会展及城市商业形态为一体的复合型综合体。旅博中心既有现代感又极具汉唐风格的建筑，大气而朴实。旅博中心作为四川省国际旅游交易博览会永久场馆，已经是当地地标性建筑，也是会展、旅游展览交易以及文化交流的中心。旅博购物中心—水晶广场包含超市、百货、主题酒店、金融、美食、文化文创、影院、亲子、健身等一站式体验。旅博风情街囊括艺术馆、名人馆、规划馆、竹编工艺美术馆、国学馆、多主题音乐吧、酒吧、咖啡吧、主题火锅、文创体验店、特色旅游商店等。东湖湿地公园系300亩水体和500多亩陆地景观带。

1. 旅博中心。该中心占地面积38000平方米，建筑面积50000平方米，主体建筑采用了传统的汉唐建筑风格，提取了天井式四合院的四川传统民居形态和干栏、窗花这两种传统四川民居元素，庄重大气。

2. 旅博风情街。该风情街占地约80亩，规划建筑面积约50000平方米，是集旅游、文化、展览、餐饮为一体的特色商业街区。

3. 东湖湿地公园。公园位于景区北部，总占地面积约800亩，建成300亩水体和500多亩陆地景观带。

4. 旅博购物中心—水晶广场。该中心位于东湖湿地公园南岸，占地面积72亩，总商业体量11万平方米，全方位商业业态，是乐峨地区最大的首席城市综合体。

5. 峨眉名人馆、峨眉山市规划馆。峨眉名人馆以"资政、存史、教育"为主题，以"传承历史、继承弘扬先辈精神"为宗旨，建设了"峨眉名人"主馆及"文物南迁""峨眉近代大事"两个副馆。峨眉山市规划馆位于峨眉山市旅博风情街，面积约1000平方米。

6. 峨眉山竹艺博物馆。该博物馆是为宣传竹艺文化而开设的非物质文化遗产展馆，主要展示的是平面竹编、瓷胎竹编、3D竹编、隐形竹编、彩色竹编等全手工竹艺藏品，现有展品300余件。

7. 峨眉当代艺术馆。该艺术馆位于峨眉山市旅博风情街T栋，紧邻峨眉花海和足球公园。

8. 峨眉非物质文化展示中心。该中心落户峨眉山市旅博风情街，面积约1000平方米，展示了峨眉山农耕、草龙、糖画等部分峨眉山的非物质遗产文化。

9. "旅博号"上游型蒸汽机车。上游型蒸汽机车又称上游型工矿用小型蒸汽机车。该台上游型蒸汽机车作为旅博广场的重要标志性景观，在2014年9月举行的第一届四川国际旅游交易博览会上被命名为"旅博号"。

四、建设管理现状

景区创建主体为君逸商贸有限公司。景区分为三个部分分别进行管理：一是四川旅博场馆由峨眉山旅游股份有限公司管理，二是旅博购物中心水晶广场由君逸商贸有限公司管理，三是东湖湿地公园由住建部门管理。

农夫山泉峨眉山工业旅游区（国家AAAA级旅游景区）

一、地理位置

农夫山泉峨眉山工业旅游区位于高桥镇万佛岭路北段1号，坐落于风景秀丽的峨眉后山，旅游与交通区位俱佳，距峨眉山景区“天下名山”牌坊10千米、峨眉山市区12千米。景区海拔790米，占地面积424亩，由生产区、参观中心、水源地三部分组成。

二、历史沿革

2013年，农夫山泉峨眉山基地3#厂房的3条72000bph水线和一条4L水线投产；2015年，被评定为国家AAA级旅游景区；2018年，入选首批“四川省中小学生研学实践教育基地”；2018年，被评定为国家AAAA级旅游景区。

三、景观资源

1. 参观中心。参观中心是整个厂区的中心地带。生产基地海拔790米，位于峨眉山的后山。

2. 水源地。由工厂出发，游客可沿着约2.5千米的山路小道到水源地参观。水源地位于海拔3079米的峨眉山间，常年多雾多雨，降水量充沛，水源地周边森林覆盖率达98%以上。

3. 生产线。饮料生产车间，每小时54000瓶产能，采用中央控制系统，对于设备的操作仅需要在中控室完成，生产线可以实时记录和检测关键指标。

四、动植物资源

景区周边山地的野生动植物资源异常丰富，拥有珙桐、桫椤等珍稀植物，随处可见蝴蝶、蛇、鸟类、猴子、蛙类等动物。

五、建设管理现状

农夫山泉峨眉山工业旅游区成立了专业的旅游部，由旅游部负责景区内的日常管理工作。

沙湾区旅游景区概况

郭沫若故居（国家AAAA级旅游景区）

一、地理位置

郭沫若故居位于乐山市沙湾区文豪路中段，由郭沫若故居、郭沫若纪念馆、沫若文化苑三部分组成。郭沫若故居始建于清嘉庆年间，占地面积为2160平方米，其中建筑面积为1108平方米，有大小房间36间。郭沫若纪念馆建成于2012年10月，占地面积为6056平方米，建筑面积为3698平方米，陈列布展面积为2200平方米。沫若文化苑建成于2012年10月，占地面积为14980平方米，建筑面积为1732平方米，是沫若文化主题公园。

二、历史沿革

郭沫若故居1980年修复并对外开放，同年7月，被批准为省级文物保护单位；1994年和1995年，先后被列为四川省青少年革命传统教育基地和爱国主义教育基地；2004年，被评定为国家AA级旅游景区；2006年，被列为全国重点文物保护单位；2013年，被评定为国家AAAA级旅游景区；2014年，被评为全省国防教育基地、全省党史教育基地、全省廉政文化景区示范点。

三、景观资源

郭沫若故居是郭沫若诞生和少年时代学习及生活的地方，是一座四进三井穿斗木结构小青瓦平房，集居室、商铺、家塾、园林于一体，至今保留古朴风貌。后花园中，有郭沫若四岁半时接受启蒙教育的“绥山山馆”家塾。郭沫若纪念馆以抽象传意表达传统川西民间的建筑意象氛围为设计理念，以场景雕塑、多媒体、动漫等展陈方式，全方位、多角度地展示郭沫若在文学艺术、历史考古、思想文化、科学教育、社会活动等领域的卓越成就及其波澜壮阔的传奇人生。沫若文化苑则是沫若文化主题公园，作为郭沫若故居和郭沫若纪念馆内涵和外延的补充，既营造了郭沫若少年时代的成长环境，又展现了地方乡土文化底蕴。

四、文物资源

郭沫若故居内展陈有清文昌宫功德石碑等共44件可移动文物，分布在后花园、故居大门、绥山山馆门前等地。郭沫若纪念馆内展陈有东汉服侍陶俑、清仿明成化碎瓷白釉双耳菊花瓶、明铜锭（残）、旧石器时代龟背形石斧、清花鸟镂空寿山石雕笔筒等共98件可移动文物。沫若文化苑内展陈有明脚踏祥云石马、明狻猊石瑞兽等11件可移动文物。

五、建设管理现状

郭沫若故居由沙湾区景区服务中心管理，下设景区股，负责具体管理运营。

沫若戏剧文创园（国家AAAA级旅游景区）

一、地理位置

沫若戏剧文创园位于乐山市沙湾区生态大道入口，地处“滇川国家旅游风景道”四川首段，紧邻“大渡河国家湿地公园”，由沫若戏剧苑、戏剧专列两部分组成，占地面积为1.2平方千米。

二、历史沿革

沫若戏剧文创园于2020年四川省文旅大会期间建成；2021年，被评定为国家AAA级旅游景区；2022年，被评定为国家AAAA级旅游景区。

三、景观资源

文创园核心区沫若戏剧苑由沫若剧院、戏剧主题展馆、研学旅中心、戏剧商业街区四个板块组成，其中剧院部分面积9800平方米，内有404个座位。

文创园二、三期戏剧专列部分以补齐一期要素短板为主，打造独具特色的火车营地，具备同时满足200人住宿、600人用餐、1000人研学的团队接待能力，将绿皮火车厢融入沫若文化、戏剧文化、三线建设元素以及老成昆线记忆，打造出具备吃、住、行、乐、学为一体的研学旅行新业态，让游客能在火车营地“乐游乐学乐在其中”。

文创园坚持文化自信，以活化“沫若文化”为切入点，以“戏剧文化+全域、全龄、全景研学”为主题，集戏剧研学、亲子休闲、特色美食、文创体验为一体，是国内首个戏剧文化研学示范文创园，全力打造弘扬沫若文化新阵地、儿童戏剧研学目的地、工旅融合发展示范地、滇川国家风景道起始段新亮点。

四、建设管理现状

由沙湾区国有控股公司承发公司建设发展，下设承发文旅子公司负责景区日常管理运营。

叠翠坪休闲度假中心（国家AA级旅游景区）

一、地理位置

叠翠坪休闲度假中心位于乐山市沙湾区苏沙路，东临大渡河，南有S103省道、小凉山，西靠成昆铁路、二峨山，北接嘉州城。景区占地面积为8600平方米，建筑面积为6200平方米。

二、历史沿革

叠翠坪休闲度假中心成立于2012年；2013年，被评定为四川省四星级度假酒店；2015年，被评定为国家AA级旅游景区。

三、景观资源

景区地处秀丽的大渡河畔，是集旅游观光、休闲度假、会议住宿、婚礼庆典、矿泉游泳、鲜果采摘、生态农业为一体的综合度假区。

市中区旅游景区概况

乐山大佛景区（国家AAAAA级旅游景区）

一、地理位置

乐山大佛景区位于乐山市市中区中部，岷江、大渡河和青衣江三江汇流处，与城市市区隔江相望，地理坐标为东经103° 43′ ~103° 47′ 、北纬29° 31′ ~29° 35′ 。景区总面积为17.88平方千米，其中核心区（世界遗产保护区）面积为2.81平方千米，占总面积的15.72%；保护区面积为4.38平方千米，占总面积的24.5%；控制区面积为10.69平方千米，占总面积的59.79%。景区是乐山城市的一个特殊功能区，是乐山历史文化名城最重要的组成部分，它具有景观的独特性和唯一性，是我国佛教文化和自然山水的完美结合。

二、历史沿革

1982年，被批准为首批国家级风景名胜区；1996年，被列入世界文化与自然遗产；2011年，被评定为国家AAAAA级旅游景区。

三、观赏景观

乐山大佛景区依山傍水，风光旖旎，文化和自然景观和谐统一，构成了一幅多彩的山水画卷。这里有世界最大的摩崖石刻弥勒佛坐像——乐山大佛、自然和人文奇观——“巨型睡佛”、青衣别岛——乌尤寺、佛教雕刻艺术荟萃——东方佛都、宋元古战场——三龟九顶城、中国最早的佛像之一——结跏趺坐佛。此外，这里还有著名的历史文化景观和景点：秦时离堆；汉时尔雅台、麻浩崖墓；唐时海师洞、灵宝塔、凌云古刹、九曲栈道；宋时东坡楼；元时千峰洞；明时注易洞；当代沫若堂、碑林、龙湫虎穴等。景区以“天下第一大佛”为核心，以“壮、雅、清、逸”为特色，是集观光、朝圣、文化、休闲、度假等功能为一体的国家级风景名胜区。

乐山大佛雕凿在岷江、青衣江、大渡河汇流处的岩壁上，为弥勒佛坐像。佛像开凿于唐玄宗开元初年（公元713年），至德宗贞元十九年（公元803年）完工，历时九十载。大佛体态匀称，神势肃穆，通高71米，头宽10米，发髻1051个，耳长7米，鼻长5.6米，眉长5.6米，眼长3.3米，肩宽28米，手指长8.3米，脚背宽8.5米，被誉为“山是一尊佛，佛是一座山”，为世界上最大的石刻弥勒佛坐像。大佛左侧，沿“洞天”下去就是凌云栈道的始端，全长近500米；右侧是九曲栈道。

“巨型睡佛”又称“隐形睡佛”，位于乐山城侧的三江（岷江、青衣江、大渡河）汇流处，形态逼真。佛头、佛身、佛足由乌尤山、凌云山和东岩连襟而成，南北直线距离约1300余米，头南足北仰卧在三江之滨。

景区范围内（凌云山、乌尤寺）现有古树名木151株、树种23种（包括变种），属于18个科18个属，按照1997年乐山市政府发布实施《乐山市古树名木保护管理实施办法》和2014年进一步修订并发布实施《乐山市城市古树名木保护管理办法》，乐山大佛风景名胜区管理委员会于2014年起已对古树名木实行建档、编号、拍照、挂牌、监测生长情况和生长环境，古树名木保护率100%。

四、建设管理现状

乐山大佛景区管委会机关内设职能机构11个（党政办公室、组织和人力资源社会保障局、财政局、旅游文化局、规划建设交通局、环保和林业水务局、卫生食品和安全生产监督管理局、直属机关党委办公室、审计与督查室、嘉定坊管理处、凌云乌尤管理处），执法机构3个（航务海事处、旅游执法大队、安全生产监察大队），下属事业单位5个（乐山大佛石窟研究院、乐山大佛博物馆、数字化信息中心、园林绿化中心、票务管理中心）。此外，景区内还有派驻机构4个（公安分局、交警大队、城管大队、消防大队）。

色达县旅游景区概况

瓦须部落文化旅游景区（国家AAAA级旅游景区）

一、地理位置

瓦须部落文化旅游景区位于色达县洛若镇，地处青海果洛州及四川阿坝州、甘孜州交界地带，也处于民族大融合、大迁徙的地带。瓦须部落正是在这样特有的自然和文化环境中产生的，被称为“中国最后的部落”。景区东北部以色玛河东侧甲修村为界，往东延伸至洛若镇北部游步道至艺术群雕南端；西北部以色曲河西边山岭与平地分水岭为界，直至洛若场镇西侧，包括丹青药王山、洛若镇大部分区域。景区地理坐标为东经100° 24′ ~100° 28′ 、北纬32° 6′ ~32° 11′ ，面积约4平方千米，海拔3850米左右，是一个集文化体验、生态观光于一体且充满历史印记和神秘风情的藏文化活态博物馆，是当代藏民族生活风貌的体验地。

二、历史沿革

2021年，被评定为国家AAAA级旅游景区。

三、观赏景观

景区主要包含洛若藏文化风情小镇、丹青药王神山（旱獭生息园）、瓦须游牧生活体验园区、格萨尔文化艺术中心等。瓦须部落文化旅游景区是展示和传承色尔坝瓦须部落传统民族文化的核心地域，景区旅游资源品质很高，类型丰富，组合搭配好，空间尺度适宜。原始骨系部落文化、藏族游牧文化、藏民族丧葬文化、格萨尔王文化、高原湿地草原河曲、多元生物基因宝库等在这里有机融合、交相辉映。

四、建设管理现状

由色达县金马旅游发展有限责任公司负责日常运营和管理。

金马草原旅游区（国家AAA级旅游景区）

一、地理位置

金马草原旅游区位于色柯镇，东边以色曲河拦河坝为界；北边以国道548为界（包括约若二村约若寺），沿国道548至团结街、解放路西段、吉祥南街、金马大道西段、幸福南街、牦牛广场、格萨尔帐篷村，经金马大草原；向西延伸至解放村村口，西边以色曲河西岸沿线为界；南边以色曲南岸山脚沿线为界。景区总面积为12.8平方千米，平均海拔约为3900米，地理坐标为东经100° 17′ ~100° 21′ 、北纬32° 15′ ~32° 20′ 。

二、历史沿革

2020年，被评定为国家AAA级旅游景区。

三、景观资源

金马草原以“宽”“平”而著称，蓝天白云和雪山草地融为一体，朵朵帐房沐浴着明媚阳光，风景如画。景区主要以草原风光和游牧部落风情为主，加上宗教文化的融入，使金马草原旅游区成为集观光、娱乐、探秘、朝拜、餐饮等于一体的景区，游客不仅可以享受淳厚浓郁的民族风情，还可以体验独具特色的游牧部落文化。

翁达格萨尔藏寨景区（国家AAA级旅游景区）

一、地理位置

翁达格萨尔藏寨景区位于翁达镇，是色达的东大门，位于G317和G548的交点，交通便利。景区面积为0.57平方千米，平均海拔约为3000米，地理坐标为东经100° 43′ ~100° 44′ 、北纬31° 52′ ~31° 51′ 。

二、历史沿革

2018年，翁达格萨尔藏寨景区所在的翁达村被列入第五批中国传统村落名录；2019年，被评定为国家AAA级旅游景区。

三、景观资源

当地居民为铭记格萨尔忠诚爱将色尔哇・尼崩达雅的丰功伟业，巧妙地利用当地建材，建成一栋栋酷似英雄形象的藏房，故也称“色尔坝藏寨”，其异于其他区域的建筑风格形成了色达地区独有的人文景观。四层规模的民居房顶的祭烟台和经幡似一位勇士的帽樱和头盔，房子四层的倒悬排编的柳条栅栏似勇士的披发，至屋基包容一勇士的各身段；房子外面右边的木杆和旗幡表示勇士仗矛屹立。据传，当年格萨尔王口授于大将色尔呗・尼崩，把房子建成如勇士出征状立于天地间。

岭歌园景区（国家AAA级旅游景区）

一、地理位置

岭歌园景区位于色柯镇约若一村、安康社区。G317和G548直达景区。景区东以切米特公路为界，南以城区道路为界，西以小区边界为界，北以北部山脊为界。景区面积为0.9平方千米，平均海拔约为3900米，地理坐标为东经100° 20′ ~100° 21′ 、北纬32° 16′ ~32° 16′ 。

二、历史沿革

2021年，被评定为国家级AAA级旅游景区。

三、景观资源

景区坐落于色达县城北面一处美丽宽阔的山麓，山坡两侧的英雄谷和长征谷将景区紧紧环抱，坡下是美丽的牧民定居点，整洁明亮的村屋、宽阔的村道展示了社会主义经济建设所取得的巨大成就，辛勤劳作的村民们安居乐业，展现出一派生机勃勃的景象。

泥朵格萨尔彩绘石刻群旅游景区（国家AAA级旅游景区）

一、地理位置

泥朵格萨尔彩绘石刻群旅游景区位于泥朵镇，创建范围为东部和南部以彩绘石刻景区通景公路为界，向西延伸至湿地边界，北部主要以湿地地形形成的水沟向东延伸至通景公路为交界点。景区面积为0.45平方千米，地理坐标为东经99° 42′ ~99° 43′ 、北纬32° 37′ ~32° 38′ 。

二、历史沿革

2021年，被评定为国家AAA级旅游景区。

三、景观资源

色达格萨尔彩绘石刻已被列入国家级非物质文化遗产，其中传承最好、数量最多、规模最大的则是泥朵镇普吾村的格萨尔彩绘石刻群，其工艺不仅在色达县和甘孜州具有代表性，就是放在全国格萨尔文化流传地区中来看也非常典型。

格萨尔文化艺术中心（国家AAA级旅游景区）

一、地理位置

格萨尔文化艺术中心位于色达县金马大道东路28号。景区总建筑面积为17818平方米，主体建筑面积为8658平方米，共七层，高33.4米；艺术广场面积为9160平方米。景区平均海拔约为3900米，地理坐标为东经100° 20′ ~100° 20′ 、北纬32° 16′ ~32° 16′ 。

二、历史沿革

2017年，被评定为国家AAA级旅游景区。

三、景观资源

格萨尔文化艺术中心位于色达县城腹地，是一座集文化、图书、展览、旅游、娱乐于一体的仿古建筑。中心主楼高七层，顶层为金黄色，第六层为绿色，第五层为红色，分别象征格萨尔王宫的黄金宫、绿松石宫、珊瑚宫。主楼四方角楼的设计主要体现了格萨尔王征战四方，以五智结束四方大敌罪恶的生命。四角城堡参考了格萨尔守护四方的四大战将北魔、霍尔、姜域、门国的故乡的建筑文化特征，代表了英雄格萨尔征战四方大敌的过往历程，象征着格萨尔为民除害后，和平的曙光照亮雪域高原，祈愿世界和平。在艺术中心内，人们可领略到格萨尔戎马一生、降服四方的英雄事迹，可感受到色达悠久、灿烂的历史文化及各类民俗风情，还可在多功能演艺厅观看独特的格萨尔藏剧表演。

第三部分 著名山峰

中国山脉

山地延伸成脉状即为山脉。山脉构成我国地理、地形和地势的骨架，常常是不同地形区的分界，山脉延伸的方向称为走向。

东西走向的山脉主要有3列（主要包括5条山脉），北列为天山—阴山，中列为昆仑山—秦岭，南列为南岭。

东北—西南走向的山脉多分布在我国东部，主要也有3列（主要包括7条山脉），西列为大兴安岭—太行山—巫山—雪峰山，中列为长白山—武夷山，东列为台湾山脉。

西北—东南走向的山脉主要分布在我国西部，著名山脉有两条，分别是阿尔泰山和祁连山。

南北走向的山脉主要有两条，分布在西南和西北，分别是横断山脉和贺兰山脉。

弧形山系由几条并列的山脉组成，由基本上东西走向转为南北走向而与横断山脉相接，其中最著名的山脉为喜马拉雅山，分布在我国与印度、尼泊尔等国边界上，绵延2400多千米，平均海拔6000米。喜马拉雅山脉主峰为珠穆朗玛峰，海拔为8848.86米，是世界最高峰。

在中国成千上万的山脉中，许多山脉有着极其重要的作用，我国主要有20条山脉。

一是喜马拉雅山脉，主峰珠穆朗玛峰。喜马拉雅，梵语Hima alaya，意为“雪域”，藏语意为“雪的故乡”。该山脉为世界海拔最高的山脉，西起克什米尔的南迦—帕尔巴特峰（海拔8125米），东至雅鲁藏布江大拐弯处的南迦巴瓦峰（海拔7782米），全长约2450千米，宽200~350千米。喜马拉雅山脉是中国与印度、尼泊尔、不丹、巴基斯坦等国的天然国界。

二是喀喇昆仑山脉，主峰乔戈里峰。喀喇昆仑，源自突厥语，意为“黑色岩山”。该山脉为世界山岳冰川最发达的高大山脉，平均海拔超过5500米，长度为800千米，宽度约为240千米。中国、塔吉克斯坦、巴基斯坦、阿富汗和印度的边界全都辐辏于这一山系之内。

三是昆仑山脉，主峰公格尔山。昆仑山，又称昆仑虚、中国第一神山，是中国西部山系的主干。其西起帕米尔高原东部，横贯新疆、西藏之间，伸延至青海境内，平均海拔5500~6000米，全长约2500千米，宽130~200千米。古人称昆仑山为中华“龙脉之祖”，被认为是炎黄子孙的发源地。

四是巴颜喀拉山脉，主峰年保玉则，海拔5369米，位于青海省中部偏南。巴颜喀拉（喇），蒙古语的意思是“富饶青（黑）色的山”；藏语叫“职权玛尼木占木松”，意为“祖山”。该山脉呈西北—东南走向，西接可可西里山，东接邛崃山，全长780千米。它是黄河与长江河源段的分水岭，也是黄河源地。

五是冈底斯山脉，主峰冷布岗日。冈底斯，藏语意为“众山之主”，又被称作“世界之轴”。最高峰冷布岗日海拔7095米，第二主峰冈仁波齐峰海拔6656米。冈底斯山脉呈西北—东南走向，横贯西藏西南部，与喜马拉雅山脉平行，东接念青唐古拉山脉。为内陆水系和印度洋水系分水岭，北为高寒的藏北高原，南为温凉的藏南谷地。

六是唐古拉山脉，主峰各拉丹冬峰。唐古拉，藏语意为“高原上的山”，又称“当拉山”；在蒙古语中意为“雄鹰飞不过去的高山”。唐古拉山脉是长江的发源地，位于西藏东北部与青海省边境处。

七是横断山脉。横断山脉实际是山脉群，是中国最长、最宽和最典型的南北向山系群体，是唯一兼有太平洋和印度洋水系的地区。横断山脉位于青藏高原东南部，通常为四川、云南两省西部和西藏自治区东部南北向山脉的总称，是中国第一、第二阶梯的分界线。大雪山主峰贡嘎山海拔7556米，为横断山脉最高峰。从广义上说，横断山脉东起邛崃山，西抵伯舒拉岭，北界位于昌都、甘孜至马尔康一线，南界抵达中缅边境的山区。

山川南北纵贯，东西骈列，自东而西有邛崃山、大渡河、大雪山、雅砻江、沙鲁里山、金沙江、芒康山（宁静山）、澜沧江、怒山、怒江和伯舒拉岭—高黎贡山、察隅河、岗日嘎布山（及西支）、丹巴曲、米什米山等，与喜马拉雅山交会于南迦巴瓦峰。“横断山脉”这一名称缘于清末江西贡生黄懋材，当时他从四川经云南到南亚次大陆考察“黑水”源流，因看到澜沧江、怒江间的山脉并行迤南，横阻断路，从而给这一带山脉取了个形象的名称——横断山。

八是天山山脉，主峰托木尔峰。天山山脉位于欧亚大陆腹地，是世界上距离海洋最远的山系和全球干旱地区最大的山系。其东西横跨中国、哈萨克斯坦、吉尔吉斯斯坦和乌兹别克斯坦四国，全长约2500千米，最宽处达800千米以上。

九是可可西里山，主峰岗扎日。该山脉位于西藏、新疆、青海三省（区）的交界地带，是昆仑山脉南支，呈东西走向，长500千米，平均海拔6000米。

十是阿尔金山，主峰苏格木塔格，是新疆东南部山脉，为塔里木盆地和柴达木盆地的界山。该山脉呈东北走向，海拔3000~4000米；西段较高，最高峰6161米。

十一是祁连山，主峰祁连山。该山脉位于青海省东北部与甘肃省西部边境，由多条平行山脉和宽谷组成。其东西长800千米，南北宽200~400千米，海拔4000~6000米。

十二是阿尔泰山，主峰友谊峰，斜跨中国、哈萨克斯坦、俄罗斯、蒙古国境，绵延2000余千米。境内的阿尔泰山属中段南坡，山体长500余千米，海拔1000~3000米，主要山脊高度在3000米以上。

十三是台湾山脉，主峰是玉山。该山脉位于台湾地区本岛，是中央山脉、玉山、阿里山及台东山的总称。其近南北走向，长360千米，为年轻褶皱山。该山脉高峰连绵，海拔3000~3500米。

十四是秦岭，主峰太白山。秦岭分为狭义上的秦岭和广义上的秦岭。狭义上的秦岭，仅限于陕西省南部、渭河与汉江之间的山地；广义的秦岭，西起昆仑，中经陇南、陕南，东至鄂豫皖—大别山以及蚌埠附近的张八岭，是长江和黄河流域的分水岭。秦岭被尊为华夏文明的龙脉。

十五是太行山，主峰小五台山。太行山又名五行山、王母山、女娲山。其位于山西省与华北平原之间，纵跨北京、河北、山西、河南四省（市），呈东北—西南走向，绵延400余千米。它是中国地形第二阶梯的东缘，也是黄土高原的东部界线。

十六是阴山山脉，主峰呼和巴什格，是我国北部东西向山脉和重要地理分界线。该山脉呈东西走向，包括狼山、乌拉山、色尔腾山、大青山等。其长约1200千米，南北宽50~100千米，海拔1500~2000米。

十七是武夷山，主峰黄岗山。武夷山位于江西与福建西北部两省交界处。武夷山是三教名山，留下了不少宫观、道院和庵堂故址。

十八是南岭，主峰猫儿山。南岭是指湖南、江西、广东、广西四省（区）相连的群山区域，以五岭为代表。五岭即越城岭、都庞岭、萌渚岭、骑田岭和大庾岭。南岭是秦汉时期确定的称呼，是长江水系与珠江水系的分水岭，并非当代人泛称的南方山岭，因此一般情况下不包括云南云岭、贵州苗岭山脉等。

十九是大兴安岭，主峰黄岗梁。大兴安岭是兴安岭的组成部分，是内蒙古高原与松辽平原的分水岭。其北起黑龙江畔，南至西拉木伦河上游谷地，呈东北—西南走向。大兴安岭全长1400多千米，均宽约200千米，海拔1100~1400米。

二十是贺兰山，主峰敖包疙瘩。贺兰山位于宁夏与内蒙古交界处，北起巴彦敖包，南至毛土坑敖包及青铜峡。其南北长220千米，东西宽20~40千米，海拔2000~3000米。

中国名山

我国是个多山的国家，有的山巍峨壮观、气象万千，有的山旖旎秀丽、千姿百态，还有的山与宗教、文化融为一体。在众多山脉中，闻名于世的有中国第一神山昆仑山、三山（安徽黄山、江西庐山、浙江雁荡山）

五岳（东岳泰山、南岳衡山、西岳华山、北岳恒山、中岳嵩山）、道教四大名山（武当山、齐云山、青城山、龙虎山）、佛教四大名山（五台山、峨眉山、普陀山、九华山）和天下第一福地终南山……数不胜数。

中国十大高山，分别是穆朗玛峰8848.86米（中国/尼泊尔）、乔戈里峰8611米（中国/巴基斯坦）、洛子峰8516米（中国/尼泊尔）、马卡鲁峰8463米（中国/尼泊尔）、卓奥友峰8201米（中国/尼泊尔）、加舒尔布鲁木I峰8068米（中国/巴基斯坦）、布洛阿特峰8051米（中国/巴基斯坦）、加舒尔布鲁木Ⅱ峰8034米（中国/巴基斯坦）、希夏邦马峰8027米（中国）和格重康峰7952米（中国/尼泊尔）。

《中国国家地理》杂志评选出中国最美十大名山，分别是南迦巴瓦峰、贡嘎山、珠穆朗玛峰、梅里雪山、黄山、稻城三神山、乔戈里峰、冈仁波齐峰、泰山、峨眉山。

中国国土经济研究会评选出中国十大名山，依次为山东泰山、安徽黄山、四川峨眉山、江西庐山、西藏珠穆朗玛峰、吉林长白山、陕西华山、福建武夷山、台湾玉山、山西五台山。

大渡河流域的名山

首先是巴颜喀拉山脉，主峰年保玉则，海拔5369米，位于青海省中部偏南。巴颜喀拉（喇）蒙古语的意思是“富饶青（黑）色的山”，藏语叫“职权玛尼木占木松”，意为“祖山”。该山脉呈西北—东南走向，西接可可西里山，东接邛崃山，全长780千米。它是黄河与长江河源段的分水岭，也是黄河源地。

其次是横断山群的邛崃山脉和大雪山脉，耸立在大渡河左右两岸。邛崃山脉（主峰四姑娘山幺妹峰海拔6250米，号称“蜀山皇后”），南北绵延约250千米，是岷江和大渡河的分水岭，也是四川盆地和青藏高原的地理界线和农业界线。邛崃山脉是四川盆地都江堰至天全一线以西山地的总称，自北向南还有海拔5551米的霸王山、海拔5072米的巴朗山、海拔4129米的夹金山和海拔3437米的二郎山等。大雪山脉（主峰贡嘎山海拔

7556米，是“蜀山之王”，也是“长江之巅”），是大渡河和雅砻江的分水岭，主脉西北起于炉霍、道孚两县交界处，向东南沿丹巴、道孚两县交界地带延伸入康定市境，在康定附近折向西南入九龙县，南端与牦牛山、锦屏山相接。大雪山脉包括大渡河以西，鲜水河、雅砻江以东，木里、九龙县城以北的广大山群。大雪山脉呈南北走向，由北向南有党岭山、折多山、贡嘎山、紫眉山等，其余脉牦牛山向南伸入凉山彝族自治州，南北延伸400多千米。

在班玛县，有年保玉则（主峰5369米）；在壤塘县，有传说是金刚手佛化身的香拉东吉（主峰5178米）、“阿尼玛卿山王后”海子山（主峰叫“尊玛”，海拔4760米）、老虎山；在阿坝县，有莲宝叶则、阿依拉山；在马尔康市，有鹧鸪山、雪马山、梦笔山；在金川县，有索乌山，这是大渡河大金川和抚边河的分水岭之上的山峰，5068米的更日哈则通常被认为是其主峰，但海拔5175米的萨武神山更高；在丹巴县，有党龄山（主峰斯达纳，海拔5700米）、墨尔多山、雅拉雪山（与道孚、康定交界处）；在小金县，有四姑娘山、夹金山、巴朗山、梦笔山；在康定市，有跑马山、折多山；在泸定县，有贡嘎山、二郎山；在石棉县，有神仙梁子（海拔5793米，为雅安市最高峰）；在汉源县，有牛背山、轿顶山；在甘洛县，有特克哄哄山、马鞍山、碧鸡山；在乐山市金口河区，有大瓦山；在峨边县，有马鞍山；在峨眉山市，有峨眉山。

在支流县，红原县有查针梁子（长江和黄河分山岭），越西县有阳糯雪山。

第四部分　冰川湖泊

冰川是水的一种存在形式，是雪经过一系列变化转变而来的。在高山上，冰川能够发育，除了要求有一定的海拔高度，还要求高山不要过于陡峭。如果山峰过于陡峭，降落的雪就会顺坡而下，形不成积雪，也就谈不上形成冰川。雪花落到地上，随着外界条件的变化和时间的推移，会变成完全丧失晶体特征的圆球状雪，称之为粒雪，这种雪就是冰川的“原料”。积雪变成粒雪后，随着时间的推移，硬度和紧密度不断增加，大大小小的粒雪相互挤压，紧密地镶嵌在一起，其间的孔隙不断缩小，直至消失，雪层的亮度和透明度逐渐减弱，一些空气也被封闭在里面，这样就形成了冰川冰。冰川冰最初形成时是乳白色的，经过漫长的岁月，会变得更加致密坚硬，里面的气泡也逐渐减少，慢慢地变成晶莹透彻、带有蓝色的水晶一样的老冰川冰。

冰川主要分布在地球的两极和中、低纬度的高山区，全球冰川面积达1600多万平方千米，约占地球陆地总面积的11%。两极地区冰川几乎覆盖整个极地，称为大陆冰川，又称冰盖冰川。中、低纬度高山区冰川称为山岳冰川，又称为高山冰川。地球上冰川面积的97%、冰量的99%分布在南极冰盖和格陵兰冰盖。山岳冰川以亚洲中部山地最发达，喀喇昆仑山系有37%的面积为冰川所覆盖；在克什米尔一带有6条大冰川，每条长度均超过50千米。

我国的冰川都属于山岳冰川。就是在第四纪冰川最盛的冰河时代，冰川规模大大扩大，但没有发育为大陆冰盖。以前有很多专家认为，青藏高原在第四纪的时候曾经被一个大的冰盖所覆盖，即使国外有些专家仍持这种观点，但是经过考察和论证，我国的冰川学者基本上否定了这种观点。

全球变暖不仅让南、北两极的冰川在迅速消融，内陆的冰川同样难逃一劫。2014年12月23日，中科院寒区旱区环境与工程研究所发布的《中国第二次冰川编目》显示，我国现有冰川46337条，面积为51840平方千米。与第一次冰川编目的数据相比，冰川的总面积减少了18%左右，每年减少的面积达到了243.7平方千米。

青藏高原海拔很高，中国超过一半的湖泊都分布在这里。青藏高原湖泊当中大于1平方千米的湖泊超过1000个，总面积超过46500平方千米，占全球湖泊总面积的1.9%，占中国湖泊总面积的57.2%。主要湖泊类型是永久性淡水湖、永久性咸水湖、季节性淡水湖和季节性咸水湖。

总的来看，1980~2020年这40年间，青藏高原湖泊总体呈加速扩张趋势，扩张态势最明显的时间集中于2000~2010年之间。在2010年时测得的湖泊面积，相较于1970年增长了34%，面积大于0.5平方千米的湖泊面积增长了近13.42%，面积大于200平方千米的湖泊已经达到了46个，总面积约为25605.41平方千米。

因为气温的上升，青藏高原的冻土也开始融化，水汽不断增加，这让当地的降水量有增无减，这是青藏高原湖泊面积剧增的原因之一。相关数据显示，1976~2013年，青藏高原湖泊的水量增加了1026亿立方米。形象点说，这水量相当于两个多三峡水库、30多个密云水库。截至2018年，青藏高原面积大于1平方千米的湖泊，已经由原先的1080个上升至1424个。

海螺沟冰川

海螺沟冰川全长14.7千米，是贡嘎山76条冰川中最长的一条，面积16平方千米，海拔最高6750米、最低仅2850米。它与周边的磨子沟、燕子沟、南门关沟、大贡巴这几条冰川恰似一张伸出五指的巨掌，将贡嘎山高托在云端，海螺沟是这张巨掌的中指。海螺沟冰川沿纵向呈三级台阶：①粒雪盆，冰川的孕育地；②大冰瀑布，宽500~1100米，高1080米，是中国迄今发现的最高大、最壮观的冰川瀑布；③冰川舌，宽0.4~0.7千米，伸入原始森林达6千米。海螺沟冰川活动性很强，在冰川的运动中，形成了晶莹如翡翠水晶的冰川弧拱、冰洞、冰阶梯、冰门、冰湖、冰峰等，只要徒步爬到冰舌上就能看到这些景象。

四姑娘山冰川

双桥沟是四姑娘山的核心景区，境内因高海拔（4600米左右）而形成的现代冰川，俗称“万年雪”，是现代雪线的标志。冰川表面的断带冰壁，因为掺杂了周围岩石的碎砾与尘土而呈灰白色，厚度约50米，面积约60000平方米。双桥沟是攀冰胜地，这里可供攀爬的冰瀑有60~70条，冰瀑较多，冰质坚硬。

婀娌峰是双桥沟尽头西侧最高的一座山峰，山下景区公路的海拔高度约3700米，冰川高度约4900米。

红杉林冰川在双桥沟的最深处，海拔3800多米。要想一睹红杉林的芳容，就必须登上双桥沟的最顶端。

还有小金结斯冰川。结斯冰川有丰富的裂缝、冰壁，巨大的裂缝深达数米，宽达几米，非常壮观。冰川覆盖面积达百余亩。整个冰川跌宕起伏，冰架、冰斗、冰洞、冰瀑等独特的冰川地质特征星罗棋布，应有尽有。

木格措

“木格措”是藏语音译，意思是野人海，也叫大海子，是川西北比较大的高山湖泊，海拔3700米。木格措水域面积近4平方千米，水深逾70米。因水源大部分来自雪山的融化，因而能见度很高，达到6~10米。木格措被群山、森林、草原环抱，被红海、黑海、白海等几十个小海子围绕，犹如众星捧月。木格措出海口左面的山峰名犀牛峰。月明星稀的夜晚，如水的月光泼洒在山峰上，那柄朝天的“犀牛角”会发出银色的寒光。木格措出海口右面山上有“卧虎观月”的景观，真如一只卧虎望着天上，虎视眈眈地乜着犀牛峰。木格措一日四时景，早晚不同天。清晨，雾锁湖面，银龙般的云雾在水面翻卷，出现“双雾坠海”的动人景观。朝阳射向湖面时，波光粼粼，湖光倒影千变万化，令人眼花缭乱。午后微风拂面时，湖面上“无风三尺浪，翻卷千堆雪”，站在湖滨沙滩上，遥望雾霭烟笼的远方，犹如来到了天涯海角。夕阳西下，余晖洒满海面，流光溢彩，水天一色，群山沉寂，碧海静谧。

木格措左侧的金色沙滩被誉为爱情滩，其沙细腻柔软，自然呈现金黄的颜色，在川西高原地区，于湖泊周围自然形成实属罕见。木格措的冬季是纯洁晶莹的人间仙境，宽阔的海面冻成厚厚的冰层，犹如一面硕大的银镜对着蓝色的天空，海面成了可溜冰滑雪的天然娱乐场所。四周山林，玉树琼枝，纤尘不染，神奇而又高洁。

其他湖泊

在班玛县的年保玉则有西姆措（藏语意为“仙女湖”），面积约10平方千米；在壤塘县的香拉东吉有索郎吉庆海、措郎玛、杂日玉措、玛娜措、俄玛措、米拉日巴神海；在阿坝县的莲宝叶则，有面积约1.5平方千米的龙尕措、面积约0.6平方千米的扎尕尔措，还有落云措、珠姆措；在马尔康市的雪马山有麦朵措；在金川县的撒尔脚有情人海；在丹巴县的党岭有葫芦海、卓尤母措；在小金县的四姑娘山海子沟，有四姑娘山最大的高山湖泊大海子（藏语叫“措钦”）和夫妻海；在康定市，除木格措外，还有跑马山的五色海；在泸定县的雅家埂景区有雅家情海；在石棉县的栗子坪有月亮湖。